Le petit mercure

Collection créée par Colline Faure-Poirée
Suivi éditorial par Jean-Michel Décimo

Le goût de Rome

Textes choisis et présentés par
Pascale Lismonde

Mercure de France

Pascale Lismonde est journaliste. Elle a par ailleurs publié *Les arts à l'école* (coll. Folio, coédition Gallimard-CNDP, 2002) et, sur l'artiste Frans Krajcberg, une biographie écrite avec Claude Mollard (*La traversée du feu*, éd. Isthme, 2004) ainsi qu'un livre pour enfant, *L'art révolté* (coll. Giboulées, Gallimard Jeunesse, 2005)

Elle a reçu l'ordre du Mérite de la République italienne pour les nombreuses émissions qu'elle a consacrées à l'Italie sur France-Culture et France-Inter de 1984 à 2004. Cette nouvelle anthologie s'inscrit à la suite du *Goût de Naples*, du *Goût de Capri et autres îles italiennes* et du *Goût de Florence*.

© Mercure de France, 2006, pour l'introduction,
les présentations et les commentaires.

ISBN 2-7152-2576-8

SOMMAIRE

« Ce livre est dédié à Petr, Doré, Dome,
Marcia et Elsa,
et à tous les amis chers qui m'ont donné
la ville de Rome. »

INTRODUCTION

J'ai découvert la ville de Rome à vingt ans, dans la chaleur d'un après-midi d'été. Aucun voyage ne réserve un tel choc visuel. Dans un même panorama, le voyageur médusé embrasse presque trois mille ans de civilisation occidentale : un déploiement vertigineux dans une majestueuse nonchalance. Des basiliques du Moyen Âge ou de la Renaissance surmontent des temples antiques ; des églises et des fontaines baroques s'envolent auprès de vestiges de l'ancien Forum ou des cirques de gladiateurs ; tandis que, cernés par des bâtisses modernes, des arcs de triomphe ou de hautaines colonnes célèbrent toujours la grandeur de l'empire... Un inextricable enchevêtrement d'édifices ordonné par quelques grands axes, dans lesquels s'engouffrent, dans un joyeux tintamarre, des milliers de véhicules enfantés par le siècle de la vitesse.

Tout voyageur qui découvre Rome doit d'abord monter sur l'une de ses sept collines célèbres et contempler la ville depuis l'Aventin ou le Janicule, ou du Pincio à côté de la villa Médicis. Au lieu du désordre architectural que semble promettre cette première évocation, il sera plutôt frappé par l'unité visuelle que donnent les couleurs des édifices : le blanc grisé des monuments antiques, des palais ou des églises alterne avec l'omniprésence de cette couleur orangée appelée *terra cotta* – terre cuite, la couleur romaine par excellence. Et pardessus tout, la ponctuation des taches vert sombre des pins parasols se découpant dans le bleu du ciel.

A-t-on assez célébré la lumière de cette ville unique au monde ! Elle émeut tous les voyageurs, sans exception. Et si tous ne sont pas en mesure de l'évoquer de façon aussi suggestive que Goethe, Chateaubriand ou Stendhal, elle baigne les tableaux des peintres qui ont fait la gloire de Rome, depuis le XVe siècle jusqu'à nos jours. De Raphaël à Guttuso ou Cy Twombly, en passant par Poussin, le Lorrain ou Corot – qu'ils fussent appelés par les papes pour construire la gloire de l'église ou envoyés par des gouvernements étrangers soucieux de parfaire l'éducation de leurs grands artistes au contact des splendeurs de l'Antiquité, de la Renaissance ou du Baroque.

Aux lecteurs de cette collection, nous n'apprendrons pas que c'est l'Italie en son entier qui exerce en réalité cette fascination. Un jour, j'imaginais de résumer sous forme d'acrostiche cette émotion mille fois répétée, à toute époque, par les voyageurs de toutes nationalités découvrant la péninsule : « I.T.A.L.I.A. » – « Italie, Terre des Arts, des Lettres et des Itinéraires amoureux ». Une ITALIA magnifiée par l'écriture, car ces voyageurs ont souvent pris le temps de raconter leurs découvertes par le menu, livrant ainsi les clés de multiples bonheurs sensoriels : bonheur visuel des chefs-d'œuvre des grands artistes, bonheur auditif à l'écoute de la langue du « bel canto » ou dans cet amour du chant qui fait vibrer toute la péninsule, bonheur gustatif dans les délices raffinés de la cuisine italienne...

Toutes les provinces italiennes ont ainsi leurs charmes spécifiques : la Toscane n'offre pas ceux de la Campanie, la Vénétie, n'a rien à voir avec le Piémont ou l'Émilie romagne. Pourquoi Rome, et le Latium, offre-t-elle quelque chose en plus ? Même en multipliant les exemples et les textes nous n'épuiserons pas le sujet. On ne peut donc se livrer qu'à des constats.

Ainsi, il est étonnant de voir, au fil des pages et de l'histoire qui s'y déroule, la fascination qu'exerce cette ville sur tous ces Italiens venus d'ailleurs. Tous en quelque sorte absorbés, happés par sa puissance attractive, servent dans leur œuvre la grandeur de Rome : Sénèque vient d'Espagne, Virgile de Mantoue, Michel-Ange de Florence, Borromini du Nord, Pasolini de Bologne et du Frioul, Fellini de Rimini, Scola du Sud, Argan de Turin. Pour citer quelques artistes ou écrivains que nous évoquons au fil de ces pages.

À toute époque d'ailleurs, les voyageurs s'étonnent de découvrir, comme Montaigne, une ville à ce point « rapiécée d'estrangers ». Sans doute est-ce la résultante de la coutume adoptée dès l'Antiquité au moment de la plus grande extension de l'empire : les habitants de toute nouvelle terre conquise recevait d'emblée la citoyenneté romaine. Avec les conquêtes des grands généraux et la puissance des légions romaines, ce fut la base même de l'empire et de la fameuse *pax romana* qui s'étendit dans tous les pays du pourtour de la Méditerranée, incluant la Gaule et une bonne partie de la Germanie : soit un modèle de civilisation qui ne cessera de hanter législateurs et conquérants à venir, rêvant de gloire sur les récits des historiens latins.

Rome, depuis toujours, absorbe tout. L'énergie extérieure est alors retravaillée en profondeur, comme dans une grande matrice universelle ; on ne s'étonnera guère que « La Ville », « l'Urbs », « Città », cet archétype urbain par excellence suscite une foule d'images maternelles, positives ou négatives, aussi bien celle de l'*alma mater*, grande source de vie, que celle de « la mauvaise mère », tournant à la putain, machine broyeuse et dévoreuse.

Dans son *Fellini Roma*, le réalisateur fait dire à l'un de ses personnages qu'« étant la capitale de la politique, de l'église et du cinéma, Rome est la ville de l'illusion par excellence ». On ne peut sans doute pas mieux définir la source du charme inégalé de la sacro-sainte « Ville éternelle ». Entrée pour toujours dans l'histoire du monde, après l'avoir façonné et gouverné pendant plus de dix siècles, Rome ne peut plus jamais mourir. Les papes ayant succédé aux empereurs, le Vatican a pris le relais du Capitole. Depuis Rome, les papes gouvernent l'Église chrétienne, dans le monde entier. Certes la politique italienne se joue aussi à Montecitorio et au Quirinal, et ses enjeux sont aussi d'envergure. Mais ils n'ont pas le pouvoir universel qui se réclame du Dieu des chrétiens. La papauté est toute-puissante. En avril 2005, les obsèques de Jean-Paul II virent affluer les plus grands chefs d'État de la planète.

Jusque dans la mise en scène de la mort d'un pape adulé par les fidèles, Rome reste ainsi la ville du cinéma. Elle donne à voir toute la mesure de son histoire, véritable épopée, oscillant en permanence entre le bruit et la fureur des armes, et la paix et l'invention de modèles de civilisation. Une histoire qui ne pouvait qu'attirer dans ses méandres les scénaristes en quête de bons sujets, ainsi que tous les cinéastes talentueux capables de créer de grands spectacles pour le bonheur des spectateurs. Les frères Lumière sont français, mais le cinéma est entré dans l'histoire du XXe siècle à partir d'Hollywood… et de Cinecittà ! La « cité du cinéma », l'un des symboles même de Rome, a d'ailleurs été créée par Mussolini lui-même dès son arrivée au pouvoir, pour servir sa propagande. Et l'un des premiers grands films réalisé fut *Cabiria* de Carmine Gallone, une grande fresque (trois heures de cinéma muet) où l'on découvre, le cœur battant, comment les ardentes légions romaines conduites par Scipion triomphèrent des armées d'Hannibal et de ces barbares carthaginois qui lançaient des enfants tout vifs dans les flammes, pour les sacrifier à leur dieu Moloch (le sujet de la *Salammbô* de Flaubert, tout aussi visuelle). Le *Cabiria* de Gallone n'avait rien à envier à l'*Intolérance* de Griffith. Le film imposa pour longtemps l'image de la grandeur de Rome. Et l'on y voit apparaître les anciens licteurs romains, chargés de fouetter les condamnés. Ils portent un faisceau de verges surmonté d'une hache, le *fascio*, qui deviendra l'emblème du fascisme auquel il donne son nom.

Certes, de nos jours, même à Rome, le pouvoir de l'image ne se maîtrise plus seulement depuis Cinecittà. La télévision entre au cœur des foyers. C'est ainsi qu'à Rome, comme on pouvait s'y attendre, un certain Berlusconi a gagné lui aussi le sommet du pouvoir politique en prenant possession des chaînes de la télévision italienne. Pouvoir de l'image et de l'illusion. Encore faut-il savoir l'entretenir ! Comme le dit Machiavel, évoquant la toute-puissance de la fortune sur le cours de la politique : « Les hommes aiment à changer de maîtres. »

Une dernière image pour entrer dans Rome, celle de l'actrice Anna Magnani, vivante incarnation de l'âme romaine sur les écrans : comme mère défendant ses enfants dans *Mamma Roma*, où Pasolini met en scène les petits voyous de la Rome populaire, dans *Bellissima*, où Visconti montre la cruauté de Cinecittà, ou comme amante dans *Rome ville ouverte*, que Rossellini tourna juste après la guerre, abattue par les nazis, alors qu'elle court derrière le camion qui emporte son fiancé, au matin même de ses noces. La voici dans le *Fellini Roma* : dans la séquence qui précède le finale panoramique, la caméra suit Anna Magnani, de nuit, qui rentre chez elle. Une voix *off* la présente comme le symbole vivant de cette ville. Elle se retourne : « Je suis quoi, moi ? » Et Fellini continue : « symbole de cette Rome louve et vestale, aristocrate et clocharde... » Et la Magnani de répliquer : « Federico, j'ai sommeil ! Va te coucher ! » Il insiste : « Je peux te faire une demande ? – Non, je me méfie de toi ! *Ciao, buona notte* ! » Et elle disparaît pour laisser place à une escouade de motards casqués qui surgissent en vrombissant. Ils remontent les quais du Tibre, dépassent le Trastevere, longent le sombre château Saint-Ange. Voyage nocturne dans une Rome désertée, long travelling au cœur de la Rome antique, autour des monuments symboles : les groupes sculptés des Dioscures, la place du Capitole dominée par la statue équestre de Marc Aurèle, l'empereur stoïcien. À la fin surgit l'énorme masse du Colisée...

Qu'on l'aime avec passion ou qu'on la haïsse, avec Rome, on ne peut entretenir qu'une histoire d'amour. Elle s'inscrit dans le nom même de la ville, en un merveilleux palindrome, que je découvris un jour dans le *Palatino*, le train qui quitte Paris tous les soirs pour rejoindre Rome. Un reflet de pancarte sur une vitre : ROMA se lisait « AMOR ». Pour moi qui repartais enfin vers cette ville qui un jour m'avait éblouie, ce fut une illumination. Puis une nuit, en rêve, je vis surgir la louve romaine, qui mordillait mon poignet droit. Comme un signe d'allégeance. Après avoir traversé l'Enfer et le Purgatoire, à la fin du XXXIIIe chant de *La Divine Comédie*, Dante entre en Paradis par « *l'amor che move il sole e l'altre stelle* » – « l'amour qui meut le soleil et les autres étoiles ». La voie était ouverte. La vie pouvait se transformer alors en destin.

Pascale LISMONDE

FRANÇOIS-RENÉ DE CHATEAUBRIAND

« La lumière de Rome, plus belle que nature »

Première approche, première colline : Rome dans sa lumière. « Comment raconter les beaux voyages que je faisais avec ma fleur d'amour... Main dans la main, nous visitions les ruines célèbres, Venise, Rome, Athènes, Jérusalem, Memphis, Carthage... ». Dans les pérégrinations de Chateaubriand, Rome tient une place de prédilection. Il découvre la Ville éternelle grâce à la diplomatie. En 1803, son Génie du christianisme *lui vaut les faveurs de Bonaparte, premier consul qui le nomme à la Légation de France auprès du Saint-Siège, en qualité de secrétaire de son oncle, le cardinal Fesch. Le Malouin à l'âme inquiète qui ne connaissait encore que sa pauvre Bretagne et les terres du Nord franchit les Alpes pour la première fois. Passée sa terreur devant ce « chaos de torrents et de précipices », il découvre l'Italie, vers laquelle le pousse « son instinct et sa Muse ». Rome l'enchante et devient le « rêve de ses jours ».*

Rien n'est comparable pour la beauté aux lignes de l'horizon romain, à la douce inclinaison des plans, aux contours suaves et fuyants des montagnes qui le terminent. Souvent les vallées dans la campagne prennent la forme d'une arène, d'un cirque, d'un hippodrome ; les coteaux sont taillés en terrasses, comme si la main puissante des Romains avait remué toute cette terre. Une vapeur particulière, répandue dans les lointains, arrondit les objets et dissimule ce qu'ils pourraient avoir de dur ou de heurté dans leurs formes. Les ombres ne sont jamais lourdes et noires; il n'y a pas de masses si obscures de rochers et de feuillages, dans lesquelles il ne s'insinue toujours un peu de lumière. Une teinte singulièrement harmonieuse, marie la terre, le ciel, et les eaux : toutes les surfaces, au moyen d'une gradation insensible de couleurs, s'unissent par leurs extrémités, sans qu'on puisse déterminer le point où une nuance finit et où l'autre commence. Vous avez sans doute admiré dans les paysages de Claude Lorrain, cette lumière qui semble idéale et plus belle que nature ? eh bien, c'est la lumière de Rome !

Lettre à M. de Fontanes, 10 janvier 1804
In *Voyage en Italie*

Les amoureux du « *bel paese* » et du lyrisme romantique connaissent cette lettre de Chateaubriand à son ami Fontanes, publiée pour la première fois en 1804 dans le *Mercure de France*. Sa première ambassade de six mois sera suivie de plusieurs autres voyages en Italie. Même si l'actuelle campagne romaine n'a plus rien à voir avec le désert habité par quelques pâtres antiques évoqués par Chateaubriand, la féerie du crépuscule reste intacte. On recommandera ce moment pour un premier séjour dans la Ville éternelle ; et de gagner, dès l'arrivée, l'une de ses sept collines – le mont Pincio au pied de la villa Médicis, le Janicule, l'Aventin ou le Capitole – pour découvrir l'ensemble de la ville dans son extraordinaire panorama.

VALÉRY LARBAUD

« La pourpre et l'or sont les couleurs de Rome »

Deuxième colline : au loin, la ville et ses couleurs. D'un côté, la pourpre cardinalice, omniprésente dans le cœur religieux de Rome, l'État du Vatican, tout autour du pape ; de l'autre, l'or des façades romaines, dont le soleil exalte la couleur dominante, la célèbre « terra brusciata » *– terre brûlée, un jaune orangé qui prend si bien la lumière... Ces deux couleurs emblématiques de la ville de Rome frappent toujours le voyageur.*

Puissantes, lourdes, chargées sont les couleurs municipales de Rome. Comparé à son jaune, celui du drapeau pontifical, le même pourtant mais accolé au blanc, paraît léger, aérien ; et son pourpre ne s'obtiendrait qu'en aggravant de violet ou de bleu d'outremer un rouge déjà foncé. Pourtant elles se trouvent dans la nature, et des fleurs communes les évoquent : les boutons d'or et les pulmonaires par exemple. Je les ai vues aussi reproduites, involontairement, par des bouquets de soucis et de tulipes sur les tables d'un restaurant parisien.

[...]

Aux entreprises civilisatrices et aux expéditions coloniales, Rome a délégué, et déléguera encore, d'autres symboles : depuis les enseignes des légions jusqu'aux étendards des jeunes nations voyageuses et conquérantes, et depuis les bannières du Saint-Empire, jusqu'à celles de Portugal et de Castille. Mais ses couleurs, elle se les est jalousement réservées ; elles sont inséparables d'elle, comme son nom même ; et l'homme qui les emporterait aux Antipodes, parmi les objets de sa dévotion familière – un signet d'étoffe entre les pages d'un Virgile ou d'un Tacite – n'aurait qu'à les regarder pour revoir dans sa pensée les rues, les monuments, les places, les fontaines et les jardins de Rome.

Aux couleurs de Rome
© Éditions Gallimard, 1938

Dès son adolescence, Valéry Larbaud n'a cessé d'écrire et de raconter ses voyages en Europe. Il manifeste une prédilection pour l'Angleterre, l'Espagne et l'Italie, dont il saisit les traits dominants avec humour. À l'occasion d'un long séjour à Rome, il fréquente assidûment la bibliothèque du Collège romain, à l'évidence atteint par ce qu'il présente comme « un vice impuni, la lecture ». Pour accéder à « cette Persépolis du savoir et du rêve », il doit traverser une cour illuminée par le soleil. Le contraste des couleurs le transporte de ravissement : une plante grimpante verdoie sur l'orangé délicat des murs, lui-même « avivé par le bleu approfondi du ciel ». Le seul souvenir de ce coin de Rome, qui « ne ressemble à rien d'autre au monde » suffit à le plonger dans une grande nostalgie. Au point de s'imaginer qu'à l'approche de sa fin, il préférera encore, à un séjour dans les cieux, « cette cour du collège romain ». Valéry Larbaud disparaît en 1957. Peut-être son esprit curieux hante-t-il encore les lieux ?

CHARLES DUPATY

« Je suis à Rome ! Je suis dans cette ville que l'univers regarde ! »

Troisième colline, l'arrivée dans la ville. Brillant avocat, Charles Dupaty voyage en Italie en 1785. Il visite Rome, Naples et la région, et rassemble ses observations dans une centaine de lettres alertes et documentées. S'agissant de Rome, il ne cache pas son enthousiasme. Une constante : quelle que soit l'époque, la découverte de cette ancienne capitale de l'univers plonge le voyageur dans un état d'excitation fiévreuse. La description faite à la fin du XVIIIe siècle nous semble d'autant plus familière que rien n'a vraiment changé dans les lieux mythiques de la Rome antique qu'il décrit ici, le Capitole et le Forum.

À Rome

Enfin je vois Rome.

Je vois ce théâtre où la nature humaine a été tout ce qu'elle pourra être, a fait tout ce qu'elle pourra faire, a déployé toutes les vertus, a étalé tous les vices, enfanté les héros les plus sublimes et les monstres les plus exécrables, s'est élevée jusqu'à Brutus, a descendu jusqu'à Néron, est remontée jusqu'à Marc Aurèle.

Cet air que je respire à présent, c'est cet air que Cicéron a frappé de tant de mots éloquents ; les césars de tant de mots puissants et terribles ; les papes de tant de mots enchantés !

Sur cette terre a donc coulé tant de sang ! Dans ces murs ont donc coulé tant de larmes ! Horace et Virgile ont récité ici leurs plus beaux vers !

Allons. Mais où aller ? Je suis au milieu de Rome comme au milieu de l'Océan : trois Romes, comme trois parties du monde, se présentent en même temps à mes regards : la Rome d'Auguste, la Rome de Léon X, et la Rome du pape actuel.

Laquelle visiterai-je d'abord ? Elles m'appellent toutes à la fois. Où est le Capitole ? Où est le musée de Clément XIV ? Qu'on me mène à l'arc de Titus. Que l'on m'arrête au Panthéon. Montrez-moi Sainte-Marie-Majeure. Je veux voir le tableau de la Transfiguration de Raphaël. Je ne vois pas l'Apollon du Belvédère. Comment choisir à Rome ? Peut-on y arrêter ses regards ?

Il faut que je commence par errer de côté et d'autre pour user cette première impatience de voir, qui m'empêcherait toujours de regarder.

Je suis donc à Rome ! Je suis donc dans cette ville que tout l'univers regarde.

Il n'y a point ici une pierre qui ne recèle une connaissance précieuse, qui ne puisse servir à bâtir l'histoire de Rome et des arts : sachez les interroger, car elles parlent.

[...]

Hier, en sortant du Panthéon, j'ai été au Capitole.

Cet endroit qui a dominé l'univers, où Jupiter avait son temple, et Rome son sénat ; d'où jadis les aigles romaines s'envolaient continuellement dans toutes les parties du monde, et, de toutes les parties du monde, continuellement revolaient en rapportant des victoires ; d'où un mot échappé de la bouche de Scipion, ou de Pompée, ou de César, courait parmi les nations menacer la liberté et faire la destinée des rois ; où enfin les plus grands hommes de la république respiraient, après leur mort, dans des statues qui exerçaient encore sur l'univers une autorité romaine : eh bien! ce lieu si renommé a perdu ses statues, son sénat, sa citadelle, ses temples; il n'a conservé que son nom, tellement cimenté par le sang et les larmes de tant de peuples, que le temps n'a pu encore en désunir les syllabes immortelles : il s'appelle encore le Capitole.

C'est au Capitole que l'on voit bien tout ce peu que sont les choses humaines, et tout ce qu'est au contraire la fortune.

La roche Tarpéienne est plus des trois quarts enterrée.

[...]

Il me tarde d'entrer dans le *Forum.*

Il doit être près d'ici. Il s'étendait entre le mont Palatin, où Rome est née, et le mont Capitolin, où Rome est ensevelie.

Quoi! ce *Forum,* autrefois couvert de temples, de palais, d'arcs triomphaux, jadis le centre de Rome, et par conséquent du monde, le théâtre de tant de révolutions, qui d'abord ont changé l'univers par Rome, et ensuite ont changé Rome par l'univers : c'est là lui!

Adossé à la muraille où les tables des lois étaient attachées, debout sur la prison où les complices de Catilina furent conduits à la mort quand Cicéron eut parlé; appuyé sur le tronçon d'une colonne d'un temple de Jupiter Tonnant, je regarde..., et mon regard, errant dans une vaste enceinte, ne saisit que des débris de chapiteaux, d'entablements, de pilastres, qui la plupart ont perdu et leur forme et leur nom; il passe sur six colonnes du temple de la Concorde, sur le fronton du temple de Jupiter Stator, sur le portique du temple d'Antonin et de Faustine, sur les murs du trésor public, sur l'arc de Septime Sévère, sous les voûtes d'un temple de la Paix, à travers les ruines de la maison dorée de Néron, et il va se reposer sur une colonne corinthienne de marbre blanc, qui, au milieu de l'étendue du *Forum*, monte isolée.

Quels changements ! Dans ces lieux où Cicéron parlait, des troupeaux meuglent ! Ce qui s'appelait, dans l'univers, le *Forum romanum*, s'appelle aujourd'hui, dans Rome, le champ des vaches *(Campo vaccino) !*

Lettres sur l'Italie, 1785

Ainsi passe le vent de l'histoire. Ce n'est pas la moindre découverte du voyageur à Rome. Mais l'homme de culture puise ici aux sources mêmes du savoir. La fascination pour Cicéron et ses réflexions sur la justice, la précarité de la liberté et la fortune sont bien naturelles pour l'avocat que fut Charles Mercier Dupaty. Apprécié de Voltaire, avocat général au parlement de Bordeaux dès l'âge de vingt-deux ans, et président à mortier à trente-six ans, il fut choisi comme Garde des Sceaux par Louis XVI. Il n'avait que quarante-deux ans, mais il mourut le jour même de sa nomination, en 1788, à la veille de la Révolution. Dupaty avait traduit en français le *Traité des délits et des peines* de son contemporain le juriste italien Cesare de Beccaria. Un traité novateur à l'époque, puisqu'il s'élevait contre la torture et la peine de mort (deux siècles plus tard, Beccaria sera l'une des grandes références de Robert Badinter). Condorcet, qui rend hommage aux vertus d'humanité manifestées par Dupaty, s'attriste de la disparition d'un magistrat enlevé trop tôt aux malheureux injustement poursuivis pour des crimes qu'ils n'ont pas commis. Au XVIIIe siècle, on connaît l'affaire Calas, celle du chevalier de la Barre... les causes défendues par l'illustre Voltaire sont inscrites pour toujours dans la conscience européenne. Toutes les autres, moins célèbres, sont venues grossir le fleuve de révolte qui balaya la prison de la Bastille, un certain 14 juillet 1789.

JOACHIM DU BELLAY

« Puisque le plan de Rome est la carte du monde »

Quatrième colline : Rome et le monde. Joachim Du Bellay avait accompagné à Rome son oncle le cardinal Jean Du Bellay avec l'espoir de faire carrière dans la diplomatie, ambition légitime pour un poète déjà célèbre. Dès 1549, la publication de sa Défense et illustration de la langue française, *avait fait figure de manifeste pour la nouvelle école des poètes de la Pléiade, regroupés autour de Ronsard. En 1553, Joachim Du Bellay est à Rome. Il a trente et un ans. Quatre ans plus tard, cette âme mélancolique a découvert tout ensemble la fascinante grandeur de la Rome antique et les intrigues innombrables de la curie romaine. Comme il reste maintenu dans sa position subalterne de secrétaire, il est peu à peu gagné par un poignant mal du pays, qui lui inspire ses plus beaux sonnets : les* Antiquités de Rome *dont la contemplation exalte les* Regrets *de son pays natal.*

QUI VOUDRAIT FIGURER LA ROMAINE GRANDEUR

En ses dimensions, il ne lui faudrait guerre
À la ligne et au plomb, au compas, à l'équerre,
Sa longueur et largeur, hautesse et profondeur :

Il lui faudrait cerner d'une égale rondeur
Tout ce que l'océan de ses longs bras enserre,
Soit où l'astre annuel échauffe plus la terre,
Soit où souffle Aquilon sa plus grande froideur.

Rome fut tout le monde, et tout le monde est Rome.
Et si par mêmes noms mêmes choses on nomme,
Comme du nom de Rome on se pourrait passer,

La nommant par le nom de la terre et de l'onde :
Ainsi le monde on peut sur Rome compasser,
Puisque le plan de Rome est la carte du monde.

Les Antiquités de Rome

Quatrième colline fondatrice. Ce vingt-sixième sonnet des *Antiquités de Rome* souligne l'importance civilisatrice de la ville de Rome en tant que modèle ou matrice architecturale – « carte du monde ». Ce sonnet est cité dans un ouvrage publié par Bernard Queysanne, professeur d'architecture à l'université de Grenoble, sous le titre *Descriptio Urbis Romæ*. On y découvre également les points de vue de Leon Battista Alberti, grand humaniste, ami de Brunelleschi, architecte du Quattrocento florentin, ainsi que de Raphaël, engagé lui aussi dans ce travail sur les plans de la Rome antique (voir « La Rome papale »). Cette « description », au sens humaniste, va bien au-delà du simple dessin topographique : il s'agit littéralement de reconstruire la ville. D'où l'implication des architectes, comme Alberti et Raphaël, mais aussi des historiens ou des poètes, dont la vision confère une autre dimension à la « description ». Comme dans le sonnet de Baldassare Castiglione, traduit par Du Bellay dans *Les Antiquités de Rome* : « Sacrés coteaux, et vous, saintes ruines / Qui le seul nom de Rome retenez... » Rappelons que l'auteur du *Livre du Courtisan* fut aussi l'ami et collaborateur de Raphaël qui nous laissa de lui un beau portrait qu'on peut voir au Louvre.

CHARLES DE BROSSES

« Une profusion de sources et d'eaux jaillissantes »

Cinquième colline : la terre et l'eau, omniprésentes. Les Lettres familières *du célèbre président de Brosses sont un « chef-d'œuvre d'esprit de grâce et de gaieté ». Amateur de plaisirs, libertin convaincu, le magistrat dijonnais est un homme du* XVIIIe *siècle à part entière. À trente ans, curieux d'art et de civilisation, il part pour un voyage en Italie qui durera plus d'un an, précurseur de la grande tradition des voyages de formation, longtemps prisés par l'élite intellectuelle européenne. Il explore toute la péninsule et visite tout à fond. Peu de détails de la vie sociale ou artistique lui échappent. Il pense que Naples est la seule ville d'Italie qui paraisse une capitale. Le 19 octobre 1739, il se réjouit de rejoindre enfin « sa bien aimée ville de Rome, principal but de sa course », et de découvrir d'abord le dôme de Saint-Pierre, qui domine grâce à sa hauteur. Puis, pénétrant peu à peu dans la ville, il se livre à une description très précise de ses multiples charmes.*

Je n'imagine point d'ornements dans une ville comparables à cette profusion de sources et d'eaux jaillissantes ; elles me font plus de plaisir encore que les bâtiments. Les grandes sont toujours d'un goût noble, les petites d'un goût agréable, qui quelquefois dégénère trop en badinerie, surtout dans les jardins, où, à la vérité, cela est plus supportable ; mais dans les grandes, ce ne sont plus des filets d'eau, ce sont des torrents, des rivières entières qui s'échappent de tous côtés. Outre l'abondance naturelle de l'eau, on sait encore en ménager la chute avec l'adresse nécessaire pour lui donner la plus grande surface possible.

De tout ce que j'ai vu ici et ailleurs, rien ne m'a surpris davantage, au premier coup d'œil, que la fontaine de la place Navone; aussi faut-il dire que rien en ce genre n'est plus auguste ni d'une plus merveilleuse exécution. [...] Elle me fit à la première vue beaucoup plus d'effet que l'église Saint-Pierre, non que je veuille néanmoins par là égaler ces deux objets l'un à l'autre; car Saint-Pierre est plus étonnant la millième fois que la première. Figurez-vous seulement, au milieu d'une place, cette masse de rochers percés à jour; ces quatre colosses du Danube, du Nil, du Gange et du rio de la Plata, couchés sur les angles du rocher, versant de leurs urnes des torrents d'eau; ce Nil qui voile sa tête, ce beau lion qui sort de sa caverne et vient s'abreuver à la fontaine; ce cheval qui boit d'un autre côté; ces reptiles rampant sur la montagne; ces bouillons d'eau qui rejaillissent de tous côtés sur les pointes des rochers, et à la cime du roc un obélisque de granit, tant que l'on peut lever la tête. Avec tout ceci, la fontaine de Saint-Pierre *in Montorio* m'a fait encore plus de plaisir et ne m'a guère moins causé de surprise : c'est un arc de triomphe à cinq portes au-dessus du mont Janicule; trois grandes et deux plus petites; au lieu de portes ce sont des nappes d'eau perpendiculaires qui en ferment le vide en retombant dans un vaste bassin. En même temps que vous jouissez d'un spectacle si neuf et si agréable, retournez la tête du côté de la ville, au moment où le soleil incliné sur l'horizon en éclaire le sommet; voyez cet étonnant assemblage de dômes, de campaniles et de coupoles dorés, de faîtes, de façades, d'églises et de palais, d'arbres verts, d'eaux jaillissantes. Il n'y a point de coup d'œil de la ville de Paris égal à celui-ci, malgré l'ornement même qu'y ajoute la vue des environs de cette ville, infiniment plus agréables par la nature et plus embellis par l'art que les environs de Rome.

Lettres d'Italie, 1739-1740

Un siècle plus tard, ces lettres familières – non destinées à la publication, elles échappèrent de peu à la destruction – trouveront un amateur et publicitaire de choix en la personne de Stendhal. Ils ne partagent pas les mêmes goûts : De Brosses est aux antipodes du romantisme ; il déteste le gothique, l'église Saint-Marc et la voix des castrats. Mais ils ont la même plume alerte et un intérêt commun pour l'observation critique des mœurs.

JULIEN GRACQ

« Le secret de la Ville éternelle, une ville libérée de l'histoire »

Sixième colline : le rapport à l'histoire. Plus connu sous le nom de Julien Gracq, Louis Poirier fut aussi, des années durant, un excellent professeur d'histoire et de géographie. Heureux les élèves du lycée Henri-IV, à deux pas du Panthéon, qui découvrirent l'histoire et les formes du monde avec un tel sens poétique ! Son recueil Autour des sept collines *propose une promenade dans la géographie et l'histoire de la ville, écrite par un observateur distant mais soucieux des moindres détails. À lire intégralement, autant que possible, avant ou pendant le voyage à Rome.*

Le caractère de ville parasite, assistée, qui apparaît dès les édiles curules de la République, s'enfle démesurément avec les *distributions* et les jeux de l'Empire, et persiste aujourd'hui dans la confluence entre ses murs du denier de Saint-Pierre avec la manne administrative du budget italien, donne à Rome une solidité, une assise dans le déséquilibre qui lui mérite tout autant que son passé immémorial le surnom de Ville éternelle. La cité subsiste depuis vingt siècles dans le plus complet détachement de toutes les normes économiques reconnues : là où le monopole du commerce des épices, des étoffes de soie et de laine, donne l'essor à la richesse de Venise, de Florence, c'est le *jubilé* de Boniface VIII qui ouvre au Moyen Âge pour les Romains les écluses de la prospérité hôtelière, c'est la vente des indulgences qui financera les travaux monumentaux de Jules II et de Léon X. Une dîme régulière, permanente et transférable, prélevée successivement sur les peuples assujettis, sur les fidèles de la catholicité, partiellement aujourd'hui sur le budget d'État et le tourisme international, maintient à flot une ville qu'une habitude multiséculaire a rompue à manger, non plus avec la goinfrerie scandaleuse du Bas-Empire, mais désormais avec discrétion et sans excès provocants, au râtelier de la planète.

Cela n'est pas sans conséquence sur le charme tenace et assez secret qui s'attache à Rome. Elle échappe aux pesanteurs politiques et économiques, comme si elle avait atteint depuis des siècles, par rapport à l'Histoire, sa vitesse de libération. Libérée de son site, médiocre, de son fleuve, exsangue, d'une campagne qui ne l'a jamais nourrie, d'une nation dont son nom déborde infiniment les frontières, d'un passé dont le mouvement de marée l'a respectée inexplicablement. Aux plaisirs que trouve le touriste à visiter ses monuments, ses tableaux et ses statues, à flâner dans ses rues, se mêle une très vague et très subtile sensation d'apesanteur : à l'exact opposé de la tension d'une ville comme New York, qui semble branchée sur tous les filets nerveux de la planète. Ici, les événements que mentionne le journal du matin ont moins de résonance immédiate qu'ailleurs, le temps s'écoule plus insoucieux, la survie indéfinie des œuvres du génie – lui aussi parasitaire – semble moins menacée, moins dépendante du devenir instable qui brasse les peuples et les nations. L'amateur d'art se sent redevenir à Rome comme un *rentier* du temps de Labiche ; il s'endort le soir avec son surplus esthétique engrangé sur un mol oreiller de permanence et de sécurité intemporelle, que les contingences quotidiennes ne viennent plus qu'à peine ébranler.

Autour des sept collines
© Éditions Corti, 1988

On ne peut mieux définir ce que l'on perçoit dès le premier séjour à Rome. Cette projection dans une forme d'intemporalité constitue le ressort de son charme secret. Rome est la seule ville au monde qui permette d'embrasser dans un même espace vingt-cinq siècles de l'histoire occidentale. Une rencontre qui promet un choc visuel, esthétique et intellectuel. On ne s'étonnera pas que Julien Gracq ait été si sensible à cette dimension, lui qui vit retiré depuis longtemps dans son village natal, à Saint-Florent-le-Vieil, sur les bords de cette Loire qu'il a si bien décrite.

MICHEL SERRES

«Athènes est esprit, Jérusalem est signe, Rome est objet»

« Rome, unique objet de mon ressentiment / Rome à qui vient ton bras d'enlever mon amant, Rome que je hais... ». Grâce à Corneille, tous les collégiens français ont en mémoire le torrent d'imprécations de Camille contre son frère Horace, qui vient de tuer le Curiace auquel elle était promise. Furieux, Horace la tue à son tour. Ce triomphe des Horaces romains contre les Curiaces albains est le dernier acte fondateur de Rome, qui absorbe la ville d'Albe et installe pour toujours sa suprématie territoriale. À partir de cet « objet » premier, dans Le livre des fondations, *le philosophe Michel Serres a élaboré une réflexion sur l'apport des grandes civilisations méditerranéennes à l'Occident : un faisceau où s'entrecroisent les héritages d'Athènes, de Jérusalem et de Rome. Une analyse lumineuse sur notre relation charnelle avec la civilisation romaine. Dans notre culture, Rome fonde notre rapport à l'incarnation. Septième et dernière colline.*

Rome, l'unique objet. J'avoue avoir, comme beaucoup, méprisé Rome. Ce peuple sot, rude et grossier n'a eu ni donné accès à ce qui fait que notre vie vaut d'être vécue, la connaissance vraie, la science et la philosophie, et la mythologie folle qui éclaire l'ombre, extatiquement, il n'a jamais eu, sauf rares exceptions, accès à la beauté. Rome souffre, malgré sa taille, en raison de son poids, du voisinage grec, du voisinage sémite, aussi. Je lisais les Grecs et la Bible, mon pain quotidien, et je laissais Rome à ses pierres et à sa vieille force morte.

Aujourd'hui, je comprends. L'âge mûr favorise l'incarnation. Tite-Live ne dit pas ce que je dis qu'il dit, moi petit Gaulois grec, moi juif et grec à la fois, chrétien hellénisé avant l'aurore, petit savant exact, humanisé depuis longtemps dans l'interprétation. Il dit, avec Virgile : Énée a vu mourir Troie, il amène sur la côte italienne un curieux mélange. Car on ne compte pas pour rien son passage à Carthage, et ses amours sémites à Didon. Didon, victime, qui en meurt. Aux origines mêmes de Rome, tout est là de ce que nous sommes, grecs et sémites. Avant Rome, j'étais. Avant Rome, les conditions de la connaissance sont là.

Rome ne spécule pas, ne parle pas, ne dialogue jamais pour le dernier raffinement ; Rome se bat, Rome prie, elle est pieuse, elle accepte humblement le noir du sens dans le geste refait. Elle bâtit, elle s'étend, elle conserve. Elle n'est pas le négatif, ce travail de destruction qui, paraît-il, avance les choses. Non, elle n'avance pas au moyen du non, elle avance dans le noir. Je vois désormais Rome noire, aussi noire qu'Albe est blanche. Elle donne la chair au verbe, elle construit. Rome s'incarne, elle est la construction.

Il me semble toucher, aujourd'hui, par une expérience, à ce qu'on peut nommer l'incarnation. Rome n'est pas du verbe comme Athènes, elle n'est pas du livre, du souffle ou de l'écrit, comme Jérusalem. Inversement, elle n'est pas de l'eau, comme la première, ni du désert, comme la seconde. Rome est dure et bête comme la pierre, noire comme les entrailles d'une pierre, jamais transparente comme la pyramide ou le tétraèdre de l'épiphanie grecque, jamais multipliée comme l'interprétation hébraïque sur l'espace blanc du désert. Jérusalem est légère et souple comme cent mille signes, Athènes vole autour du logos, Rome est lourde. Elle bégaie, balbutie, fait le geste, elle ne sait jamais. Elle est du rite, non du mythe. Le corps tient le bâton, il trace le temple et les plinthes, il ne sait pas pourquoi. Le Juif sait écrire sept fois pourquoi, le Grec peut le dire onze fois autant. Ma culture judéo-grecque est si légère que je peux la porter au-delà de la mer, au-delà du désert. Elle vole comme la langue et comme l'écriture. Elle est le logiciel. Rome est dans son geste et son corps, quand le signe s'arrête et s'enlise. Elle est le matériel. Sa main est aussi sûre qu'est rapide la bouche grecque ou qu'éclate en réseau la complexité juive. Rome ne peut être hors de Rome, comme Athènes fut hors de soi, comme Jérusalem, jamais, n'a cessé de l'être. Rome est dans Rome entière et toujours dans ses murs. Athènes est esprit, Jérusalem est signe et Rome est objet. *Res. Res publica,* parfois. Brutus, brute, porte avec lui un cornouiller dont l'intérieur est d'or, pour l'offrir, à Delphes, au dieu Apollon. C'est l'énigme de Rome, et c'est sa solution.

Rome, Le livre des fondations
© Éditions Bernard Grasset, 1983

Philosophe et scientifique, s'épanouissant vraiment dans la philosophie des sciences (il a notamment dirigé le *Dictionnaire des sciences* de Flammarion qui réunit la fine fleur de l'intelligentsia scientifique contemporaine), Michel Serres écrit aussi bien sur « le système de Leibniz et ses modèles mathématiques » ou « la naissance de la physique dans le texte de Lucrèce… » que sur « les cinq sens » ou « la légende des anges ». Lointain descendant du dieu

Hermès, qu'il a d'ailleurs fondé en collection éditoriale aux Éditions de Minuit, pour réfléchir sur « la communication », « l'interférence », « la traduction », Michel Serres est un ardent défenseur d'une nouvelle catégorie sociale, « Le tiers instruit », où il occupe forcément l'une des premières places. À fréquenter absolument.

LA ROME ANTIQUE

PIERRE GRIMAL

« Rome avant Rome : Romulus et Remus »

Professeur au Collège de France, Pierre Grimal fut un grand latiniste. Son livre consacré à la définition de « l'âme romaine » s'ouvre par le récit de la célèbre légende de sa fondation, qui met en scène les deux jumeaux, Romulus et Remus, fils du dieu Mars allaités par une louve. Scène éternellement reproduite, emblématique de la civilisation romaine. Sur la colline du Capitole, au centre de Rome, la louve figure en bonne place, statufiée en bronze, avec les deux jumeaux, juchée sur une colonne. Non loin de la statue de bronze coule la fontaine qui distribue « l'aqua Marcia », la plus ancienne fontaine de Rome, également consacrée au dieu Mars.

Deux enfants qui viennent à peine de naître. Une louve les allaite. Ils se serrent contre elle. Tous trois sont abrités par un rocher en surplomb, au bord d'un fleuve. Dans le ciel, au-dessus d'eux, veille un dieu. Il porte un grand bouclier et, dans la main droite, une lance. Sur sa tête, un casque. Au loin, à demi cachée par les arbustes qui bordent la rivière, une jeune femme les cherche. La louve reste immobile. Son rôle va bientôt se terminer. Les enfants vont être rendus à leur mère et les Destins pourront s'accomplir. La louve regagnera sa forêt, le dieu achèvera sa garde et disparaîtra. Les armes qu'il porte indiquent qu'il n'est autre que Mars, le dieu de la guerre. Mais il est là pour protéger, non pour combattre, à moins que quelque brigand n'apparaisse et ne menace les enfants.

C'est ainsi que tout commença. Du moins c'est ce que l'on racontait, il y a plus de deux mille ans, dans un petit village d'Italie, perché sur une colline, non loin d'un fleuve aux colères soudaines. Lorsque ses eaux, gonflées par l'orage, débordaient de ses rives, toute la vallée ne formait plus qu'un lac. Ce village s'appelle Rome, nul ne sait pourquoi. L'histoire qui l'attendait devait marquer à jamais celle des hommes.

Comment quelques bergers ont-ils pu ainsi changer la face du monde ? Ce ne fut pas l'effet de quelque hasard, et ceux qui participèrent à cette extraordinaire aventure n'y furent pas engagés malgré eux. Ils ignoraient, bien sûr, où les entraînaient les forces qu'ils sentaient en eux, mais, en dépit de tous les obstacles, de l'adversité, mus par une sorte d'instinct, ils luttèrent pour que leur patrie devînt « reine du monde », arbitre plutôt que maîtresse des nations. Bien plus, les descendants de ces bergers, proches des loups de la forêt romaine, transformèrent en nations les groupements humains auxquels ils se heurtèrent, dont quelques-uns leur apprirent beaucoup et d'autres apprirent tout d'eux.

L'âme romaine
© Éditions Perrin, 1997

Complétons la légende : Romulus et Remus furent allaités par une louve sauvage parce qu'ils ont été abandonnés sur les bords du Tibre sur l'ordre d'Amulius, le roi d'Albe. Les présages faisaient en effet craindre à Amulius de voir sa royauté renversée par la naissance des jumeaux de race divine. Mais nul ne parvient jamais à entraver le cours du destin. Après la louve salvatrice, ce sont des bergers qui recueillent les enfants. Ensuite, Romulus, qui l'emporte nettement sur son frère Remus par sa force physique et la fougue de son caractère, finit par le tuer. À sa maturité, il assemble des troupes et s'impose comme leur chef. S'emparant d'Albe, il tue le roi Amulius. La prédiction se réalise. Romulus peut alors former le plan de fonder une ville et de créer un état solide. Devenu l'unique héros fondateur, il donnera son nom à Rome.

CICÉRON

« La fondation de l'Urbs, dans un site d'une convenance merveilleuse »

Après la légende de la louve et des jumeaux, voici le récit de la création de Rome elle-même. Dans les années 50 avant notre ère, alors que Jules César, vainqueur de la Gaule, devient de plus en plus puissant, Cicéron sent la République romaine vaciller sur ses bases. Il écrit donc ce traité majeur, le De Republica, *pour rappeler les vertus du régime républicain, tel qu'il a été conçu et développé à Rome. Dans le deuxième livre de son traité, il met en scène le consul Scipion, premier d'une illustre famille, s'adressant à l'armée. Son discours a vocation de montrer aux soldats la supériorité de Rome sur toutes les autres cités : « Sa constitution n'a pas d'égal, car elle résulte de l'intelligence du plus grand nombre et non d'une seule personne », et d'une élaboration progressive, siècle après siècle. Puis Scipion évoque également le moment fondateur par excellence où Romulus choisit l'emplacement de « l'Urbs Romae », sur les rives d'un fleuve qui donne accès direct à la mer.*

Quant à l'emplacement à choisir pour la ville, celui qui vise à jeter les fondements d'un État durable doit s'en préoccuper avec un soin tout particulier ; Romulus choisit un site d'une convenance merveilleuse.

[...]

Comment donc Romulus, pour réunir tous les avantages du littoral et en écarter les inconvénients, aurait-il pu se montrer plus divin qu'en fondant sa ville sur la rive d'un fleuve au cours permanent et régulier et qui s'écoule dans la mer par un large estuaire ? La ville pouvait ainsi recevoir par mer tout ce qui lui manquait et exporter ce dont elle regorgeait ; et grâce à ce même fleuve, elle pouvait non seulement faire remonter de la mer les objets les plus nécessaires aux besoins immédiats et à ceux de la vie civilisée, mais aussi les recevoir de l'intérieur des terres. Romulus a donc, me semble-t-il, prévu alors déjà que notre ville serait un jour le centre et le foyer du plus grand des empires ; car il n'y avait guère d'emplacement, dans une autre région de l'Italie, où une ville pût plus aisément conserver une telle hégémonie.

Quant aux fortifications naturelles de la ville même, qui peut être assez inattentif pour les ignorer et les méconnaître ? Le tracé de la muraille construite avec sagesse d'abord par Romulus, puis par les autres rois, parcourt des collines aux escarpements abrupts de tous les côtés ; il ne restait ainsi qu'une seule voie d'accès, qui s'ouvrait entre l'Esquilin et le Quirinal ; elle put être fermée par l'obstacle d'un talus très élevé, bordé d'un très profond fossé ; en outre, la citadelle appuyait ses fortifications sur une enceinte à pic et sur un roc comme taillé sur tout son pourtour, si bien que même dans la crise affreuse de l'invasion gauloise, elle est restée sans dommage et hors d'atteinte. Enfin l'emplacement qu'il choisit possédait de nombreuses sources et restait salubre, au milieu d'une région malsaine ; en effet, les collines, aérées elles-mêmes par les vents, étendent leurs ombres sur les vallées.

La République,
traduit par Esther Bréguet
© Éditions Gallimard

À la suite de cette fondation, Romulus recourt à un procédé taxé par Scipion « d'une certaine rusticité, tout en étant cependant le fait d'un grand homme ». En effet, Romulus fit enlever de jeunes Sabines de haute naissance venues à Rome pour assister aux jeux qu'il avait créés. Et il les donna en mariage aux hommes des principales familles. Épisode célèbre qui inspira bien des peintres (Nicolas Poussin, entre autres, dont le tableau est au Louvre), mais qui déclencha une guerre entre les Sabins et les Romains. La paix revint grâce à l'intervention des mêmes Sabines. Rome posa les bases de son gouvernement, notamment en créant une forme de conseil des anciens, ou des Pères, préfiguration du futur Sénat dont Cicéron sera l'un des membres les plus actifs. De même que Romulus observe très souvent les auspices, et cet usage sera toujours conservé à Rome : cette consultation systématique avant tout événement qui engage l'avenir de Rome devient « l'une des deux assises fondamentales de l'État, à l'égal du Sénat, pour le grand bien de la République ». Puis, raconte encore le général Scipion, après un règne de trente-sept ans, Romulus disparut soudain pendant une éclipse de soleil. « Et l'on s'imagina qu'il avait été admis parmi les dieux. »

VIRGILE

« La grande série des siècles recommence »

Dante le prendra pour modèle et pour guide pour s'acheminer vers la porte des Enfers : l'Immortel Virgile, poète voyant des Bucoliques *enchanteresses... Les latinistes ont tous un jour rêvé sur la première églogue :* « Tityre, tu patulae recubans sub tegmine fagi / silvestrem tenui musam meditaris avena... » *Virgile a vingt-huit ans quand il compose ses* Bucoliques. *Né à Mantoue, d'origine terrienne et modeste – son père était potier – il restera toujours, comme le dit Macrobe, « un paysan grandi parmi les bois et les arbrisseaux ». À Rome, il sera fasciné par le gigantisme de la ville, qui « a haussé la tête, autant que les cyprès au milieu des viornes flexibles ». Timide, peu doué pour l'éloquence, il fuit la foule et ne se plaît que dans sa maison de Campanie (sur la route de Naples à Pouzzoles), qui sera aussi son dernier séjour. Virgile n'a pas son pareil pour peindre la campagne, jusque dans l'épopée héroïque. Et pour insuffler l'espoir d'un âge nouveau, comme dans cette quatrième Bucolique, au caractère prophétique.*

Le voici venu, le dernier âge prédit par la prophétie de Cumes ; la grande série des siècles recommence. Voici que revient aussi la Vierge, que revient le règne de Saturne ; voici qu'une nouvelle génération descend des hauteurs du ciel. Daigne seulement, chaste Lucine, favoriser la naissance de l'enfant qui verra, pour la première fois, disparaître la race de fer, et se lever, sur le monde entier, la race d'or ; voici le règne de ton frère Apollon. C'est précisément sous ton consulat, oui, sous le tien,

Pollion, que cette ère glorieuse débutera, et la Grande Année fera ses premiers pas sous tes ordres. S'il demeure quelques traces de notre scélératesse, leur impuissance affranchira la terre d'une incessante terreur. Cet enfant aura part à la vie des dieux ; il verra les héros mêlés aux divinités, on le verra lui-même parmi elles, et il gouvernera le monde pacifié par les vertus de son père.

Cependant, comme premiers cadeaux, enfant, la terre, sans culture, te prodiguera les lierres exubérants ainsi que le baccar, et les colocasies mariées à l'acanthe riante. Spontanément, les chèvres ramèneront au logis leurs mamelles gonflées de lait, et les troupeaux ne redouteront pas les grands lions ; spontanément, ton berceau foisonnera d'une séduisante floraison. Périra le serpent, et la perfide plante vénéneuse périra ; partout poussera l'amome assyrien.

Cependant, dès que tu seras capable de lire les exploits des héros, les hauts faits de ton père, et d'apprendre ce qu'est la valeur, la plaine nue blondira peu à peu sous l'épi ondoyant, la grappe vermeille pendra aux ronces sauvages, et le bois dur des chênes distillera la rosée du miel. Néanmoins quelques traces de l'ancienne malice subsisteront, pressant les hommes d'affronter Thétis sur des nefs, de ceindre les places de murailles, d'ouvrir dans la terre des sillons. Alors il y aura un second Tiphys, et, pour transporter l'élite des héros, une seconde Argo ; il y aura même une autre Grande Guerre, et, de nouveau contre une Troie, on enverra un grand Achille.

Ensuite, quand l'âge dès lors affermi aura fait de toi un homme, le voyageur, de lui-même, renoncera à la mer, et le pin flottant ne fera plus l'échange des marchandises, toute terre produira tout. La glèbe ne subira plus les hoyaux, ni la vigne la serpe ; de même, le robuste laboureur déliera leurs jougs aux taureaux ; la laine n'apprendra plus le mensonge des teintures multicolores, mais, de lui-même, alors, dans les prés, le bélier prendra sur sa toison la couleur délicatement pourpre du murex, ou jaune de la gaude ; spontanément, les agneaux à la pâture se revêtiront d'écarlate. « Vite ! filez de tels siècles », ont dit à leurs fuseaux les Parques, d'accord avec la volonté immuable des destins.

Aborde alors (ce sera le moment) les grands honneurs, ô cher rejeton des dieux, grand prolongement de Jupiter !

Vois trépider la masse voûtée du firmament, et la terre, et les étendues marines et les profondeurs célestes ; vois comme tout s'égaie à l'approche du siècle nouveau. »

Bucoliques,
texte établi et traduit par E. de Saint-Denis
© Les Belles Lettres

Prophétie, destins, siècle nouveau… Aucune églogue n'a suscité autant de commentaires et d'interrogations que cette quatrième *Bucolique*. Un enfant va naître, alors que commence une nouvelle série de siècles et que doit triompher un nouvel âge d'or. S'ouvre un avenir radieux ! Mais quel est donc cet enfant porteur d'espoir ? On a cherché parmi les Romains : serait-ce celui d'Antoine et Cléopâtre, celui d'Octave et de Scribonia, ou du consul Asinius Pollion, auquel Virgile adresse cette églogue ? Difficile de trancher. Une autre hypothèse connut un succès considérable, accréditée jusqu'à nos jours. Saint Augustin puis l'empereur Constantin y ont vu une prophétie de la venue du Messie des chrétiens (Virgile écrit en 40 avant l'ère chrétienne). Le Moyen Âge range Virgile au nombre des prophètes. Plus tard, Victor Hugo le voit comme « un dieu, tout près d'un ange ». Peut-être Virgile a-t-il subi l'influence d'une littérature messianique ou même apocalyptique. Le dernier siècle avant l'ère chrétienne est marqué par un foisonnement de courants religieux, qui souvent, s'interpénètrent. Le christianisme naissant se nourrit ainsi des cultes païens existants, leur conférant une nouvelle jeunesse. Les cultes à mystères en particulier, de Mithra ou de Dionysos, vont faire le lit de la religion nouvelle. Quoi qu'il en soit, l'identité de cet enfant reste une énigme. Ce n'est pas le moindre charme de cette illustre bucolique, hymne d'enthousiasme ou de foi. Comme le dit Victor Hugo, Virgile lance ici « un message immortel de l'humaine espérance » !

MACHIAVEL

« Comment Rome s'éleva au plus haut degré de la puissance »

Dans notre civilisation occidentale, toute méditation sur la conquête du pouvoir politique passe nécessairement par l'étude de la grandeur et de la décadence de l'empire romain. À partir de 1512, privé de toute fonction publique après la chute de la République florentine, Nicolas Machiavel entreprend de consigner quelques réflexions sur l'exercice du pouvoir. Tâche qui l'occupera jusqu'à la fin de sa vie et qui nous vaut quelques ouvrages majeurs. Le premier, Le Prince, *véritable bombe politique, longtemps mis à l'index, ne fut publié qu'en 1532, près de vingt ans après sa rédaction. Ce républicain convaincu entame ensuite son* Discours sur la première décade de Tite-Live, *où il analyse les possibilités et les règles d'existence de ce régime à travers l'histoire de Rome. Machiavel montre ici comment Rome a su d'emblée assurer sa suprématie sur les autres états.*

Vouloir gouverner par la force des villes conquises, surtout celles accoutumées à vivre libres, est un projet aussi difficile que dangereux ; et vous ne parviendrez jamais à vous en faire obéir, à moins de vous faire aider par des associés, et d'accroître considérablement votre population. Athènes et Sparte n'ayant fait ni l'un ni l'autre, leurs efforts furent absolument inutiles. Rome, au contraire, pour avoir suivi le second système de conduite, s'éleva au plus haut degré de puissance ; et comme elle fut la seule à le suivre constamment, elle fut aussi la seule qui parvint à ce haut point. Tous les associés qu'elle s'était donnés en Italie, et qui, sous beaucoup de rapports, vivaient dans une espèce d'égalité avec elle, sauf qu'elle s'était réservé le siège de l'empire et la conduite des entreprises, allaient sans s'en apercevoir prodiguer et leurs fatigues et leur sang pour se mettre eux-mêmes sous le joug. À peine Rome sortit-elle d'Italie avec ses armées qu'elle parvint à réduire les royaumes en provinces, à faire ses sujets d'hommes qui, ayant été soumis sous des rois, ne se plaignirent pas de leur condition ; comme ils avaient des gouverneurs romains, qu'ils avaient été vaincus par des armées appelées romaines, ils ne reconnaissaient d'autre souverain que Rome : bien vite les associés de Rome qui étaient en Italie se trouvèrent en un instant entourés de sujets romains et pressés fortement par une ville énorme ; et ils ne s'aperçurent du piège dans lequel ils étaient tombés et où ils vivaient depuis si longtemps qu'au moment où il ne fut plus temps d'en sortir, tant Rome avait accru sa puissance hors de ses frontières par ses conquêtes, et en son sein même, par sa population et ses armes. En vain pour se venger des torts subis, ces États associés conjurèrent contre elle ; ils furent vaincus en fort peu de temps, et leur sort ne fit qu'empirer ; d'associés, ils devinrent sujets. Ce système n'a été suivi, comme nous l'avons dit, que par les Romains ; et une république qui veut s'agrandir ne doit pas en avoir d'autre ; car l'expérience a prouvé qu'il n'y en a ni de plus sage, ni de plus sûr.

Discours sur la première décade de Tite-Live,
Livre second, in *Œuvres complètes,*
traduit de l'italien par Edmond Barincou, d'Avenel,
Jacques Gohory et Dreux du Radier,
Bibliothèque de la Pléiade © Éditions Gallimard, 1952

Et de conclure à l'excellence de la marche suivie par les Romains, d'autant plus admirable que personne ne leur avait tracé la route, et que personne n'y a marché après eux. La « pax romana » qui découla de ce régime, et qui dura plusieurs siècles, fut un modèle de civilisation.

TITE-LIVE

« Ou comment le général Scipion l'Africain, le vainqueur d'Hannibal, rétablit l'ordre dans sa propre armée »

Ami de l'empereur Auguste, l'historien Tite-Live chercha avant tout à faire œuvre de patriote et de moraliste, valorisant les vertus de la république primitive. Ses récits ne sont pas toujours très objectifs et font souvent état de légendes. Cependant, les trente-cinq livres qui nous sont parvenus (sur un total de cent quarante-deux) constituent un document capital sur les bases historiques de notre civilisation. L'extrait ci-dessous est révélateur de la vie de l'armée romaine. Le général Scipion vient d'être victime d'une sédition. Alors qu'il est le grand vainqueur de la reconquête de l'Espagne sur les armées puniques, un groupe de factieux l'a fait passer pour mort. L'intrigue bientôt démasquée, les traîtres sont confondus et doivent être châtiés. Le général s'adresse à l'ensemble de l'armée. Dans un discours solennel, on retrouve l'exaltation de toutes les vertus qui ont fait la grandeur de Rome.

En vérité, une fois les Carthaginois chassés d'Espagne, je croyais qu'il n'y avait point d'endroit dans la province entière, point de gens pour haïr ma vie : telle avait été ma conduite non seulement envers les alliés, mais envers les ennemis. Et voici que dans mon camp – combien mon attente m'a trompé ! – le bruit de ma mort a été non seulement bien accueilli, mais attendu.

[...]

Sur moi, je ne dirai rien : vous avez mis sans doute plus de légèreté que d'espoir à croire à ma mort ; sans doute enfin suis-je tel, que le fait de voir mon armée lasse d'être commandée par moi ne doive pas étonner du tout. Mais la patrie, que vous avait-elle fait pour que vous vous alliiez à Mandonius et à Indibilis afin de la trahir ? Que vous avait fait le peuple romain, pour que vous donniez le commandement, enlevé à des tribuns nommés par un vote de ce peuple, à de simples particuliers ; pour que, non contents de les avoir pour tribuns, vous donniez les faisceaux de votre général à des gens qui n'avaient jamais eu un esclave à commander, vous, une armée romaine ? [...]

Vous proposez-vous, vous, de garder Sucro comme domicile ? Si moi, votre général, quittant cette province, ma mission achevée, je vous y laissais, vous devriez implorer le secours des dieux et des hommes parce que vous ne retourneriez pas auprès de vos femmes et de vos enfants.

Admettons cependant qu'eux aussi, vous les ayez chassés de vos cœurs, comme votre patrie et moi-même ; c'est la démarche de votre dessein, criminel, non insensé au dernier point, que je veux suivre. Moi vivant, et l'armée (vous exceptés) intacte, avec laquelle, par moi, Carthagène a été prise en un seul jour, avec laquelle quatre généraux, quatre armées carthaginoises ont été enfoncées, mises en fuite, chassées d'Espagne, vous – huit mille hommes dont aucun ne vaut, sans doute, Albius et Atrius, à qui vous vous étiez subordonnés – vous prétendiez arracher la province d'Espagne au peuple romain ? J'écarte, je mets à part mon nom ; admettons que, sauf en croyant trop facilement à ma mort, vous ne m'avez outragé en rien. Eh quoi ? si je mourais, avec moi l'État expirerait, avec moi tomberait l'empire romain ? Veuille Jupiter Très bon, Très grand ne pas permettre ce désastre qu'une ville fondée après avoir pris les auspices, à l'instigation des dieux eux-mêmes, pour l'éternité, ait seulement la durée de ce corps fragile et mortel ! Quoique Flaminius, Paul-Émile, Gracchus, Postumius Albinus, Marcus Marcellus, Titus Quinctius Crispinus, Cneius Fulvius, les Scipions, mes aïeux, tant de généraux illustres, aient été enlevés par une seule guerre, le peuple romain est resté debout, et il le restera, même si mille autres généraux mouraient soit par le fer, soit de maladie : et mes seules funérailles auraient emporté l'État romain ? Vous-mêmes, ici, en Espagne, quand mon père et mon oncle, vos deux généraux, eurent été tués, vous avez choisi Septimus Marcius pour vous commander contre les Carthaginois, exaltés par leur victoire récente. Et je parle comme si les Espagnes avaient dû, par ma mort, rester sans chef : mais Marcus Silanus envoyé, en même temps que moi, avec les mêmes droits, le même pouvoir, mais les lieutenants Lucius Scipion, mon frère, et Caius Laelius, manqueraient-ils à venger la majesté du commandement ? Est-ce votre armée qu'on pouvait comparer à notre armée, ou vos chefs à nos chefs, ou nos titres, ou nos causes ? Même supérieurs sur tous ces points, porteriez-vous les armes, avec les Carthaginois, contre votre patrie, contre vos concitoyens ? Voudriez-vous que l'Afrique commandât à l'Italie, Carthage à Rome ? Quel tort a eu pour cela votre patrie ?

[...]

Assurément, vous étiez fous, soldats, et la maladie n'avait pas attaqué avec plus de violence mon corps que vos esprits. J'ai horreur de rapporter ce qu'on a cru, ce qu'on a espéré, ce qu'on a souhaité : que l'oubli emporte tout cela et l'anéantisse, s'il se peut ; sinon, qu'en tout cas le silence l'ensevelisse !

[...]

À peine finissait-il de parler que, grâce aux mesures prises, une terreur venant de toutes sortes d'objets à la fois frappa les yeux et les oreilles. Les troupes qui avaient cerné l'assemblée frappèrent leurs boucliers de leurs épées ; on entendit la voix du héraut lire les noms des soldats condamnés au conseil ; on les traînait nus au milieu de la place ; en même temps, on montrait tous les préparatifs du supplice ; les condamnés furent attachés au poteau, battus de verges et frappés de la hache, tandis que la crainte paralysait à tel point les assistants, qu'on n'entendit pas un mot un peu fier contre la rigueur de la peine, ni même un gémissement.

Histoire romaine
Traduction par Eugène Lasserre
© Garnier Frères

Le général Cornélius Scipion était le plus jeune fils du consul Publius Cornélius Scipion, le premier à inscrire le nom de sa famille dans les grandes pages de l'histoire romaine au début de la deuxième guerre punique. Ce consul était mort sur le Tessin, frappé par l'armée d'Hannibal. Son fils, jeune général devenu proconsul d'Espagne après en avoir reconquis le territoire et chassé les Carthaginois, fut sans doute le membre le plus glorieux de cette illustre famille romaine. À vingt-quatre ans, il triompha du redoutable Hannibal, qu'il contraint à la capitulation en 201, après la bataille de Zama. Il acquit alors le surnom de « Scipion l'Africain » et fut ainsi le premier général à prendre le nom du peuple qu'il avait vaincu. Il mettait surtout fin à la très meurtrière deuxième guerre punique, qui faillit faire sombrer Rome – sur la seule année 216, en deux défaites successives, plus de 100 000 soldats romains disparurent sur le lac Trasimène, au Nord de Rome, ensuite, à Cannes dans les Pouilles. Les trois guerres puniques, véritables guerres de blocs, s'échelonnèrent sur plus de cent ans. Elles débutèrent en Sicile en 265 avant l'ère chrétienne ; la rivalité entre Rome et Carthage ne s'acheva qu'en 146, avec la destruction totale de la capitale africaine. La ville où la reine Didon avait régné un temps sur le cœur du Troyen Énée (fondateur légendaire de Rome) fut alors complètement rasée par les Romains – on se rappelle sans doute du leitmotiv du sénateur Caton l'ancien, qui terminait tous ses discours par son « *Delenda est Cartago* » – « il faut détruire Carthage ». Cette ultime victoire fut remportée par un nouveau Scipion, l'Emilien, lui-même petit-fils de Scipion l'Africain (on conçoit que le grand latiniste Pierre Grimal ait consacré l'un de ses livres au « siècle des Scipion »).

OVIDE

« Ô Vénus, la mort du divin César est gravée dans l'indestructible acier des destins de ta race »

Dans ses Métamorphoses, *Ovide évoque quelques épisodes de la mythologie gréco-latine qui s'achèvent par une métamorphose ou une apothéose. Celle d'Icare, l'homme oiseau précipité dans les flots, celle des inséparables Philémon et Baucis transformés en arbre à double tronc, ou du cupide roi Midas auquel poussent des oreilles d'âne. Jules César apparaît : Ovide rapporte les circonstances du meurtre de l'homme le plus populaire et le plus puissant de Rome qui, après la conquête des Gaules, avait su conforter la domination de Rome en Espagne, en Afrique, en Égypte et dans une partie de l'Orient. Soucieux de moderniser les structures du pouvoir inadaptées à l'expansion romaine, César entreprit de grandes réformes, sans jamais cacher son désir d'asseoir son pouvoir personnel. D'où la conjuration des esprits rétrogrades, qu'il effrayait. Il fut assassiné en plein Sénat, le jour des ides de mars de l'an 44 (le 15 mars), réputées maléfiques. Les présages annonçaient un malheur. Passant outre, César affronta son destin. Parmi les conjurés figurait son fils adoptif, Brutus (*« tu quoque, mi fili – *toi aussi, mon fils »…).*

On dit qu'un cliquetis d'armes dans les noires nuées, le son de terrifiantes trompettes et de cornes dans le ciel, présagèrent l'attentat. La triste image du soleil ne dispensait plus qu'une lumière livide à la terre inquiète. Souvent, on vit des torches brûler en plein ciel, sous les astres ; soudain, aux gouttes de pluie se trouvèrent mêlées des gouttes de sang; l'éclat de Lucifer s'obscurcit et son visage se couvrit d'une sombre teinte de rouille, tandis que le char de la Lune se teintait de sang; en mille lieux, le hibou, oiseau du Styx, donna de lugubres présages. En mille lieux, l'ivoire ruissela de larmes, et l'on dit que des chants et des paroles menaçantes furent entendus dans les bois sacrés. Les victimes ne donnent plus aucun présage favorable. À l'examen des fibres, on voit l'annonce de grands troubles imminents; et l'on trouve dans les viscères la tête du foie détachée. Sur le forum, autour des maisons et des temples des dieux, hurlèrent la nuit, dit-on, des chiens et errèrent les ombres muettes des morts; des secousses ébranlèrent la ville. Les avertissements des dieux ne purent cependant triompher des embûches et des destins menaçants. Des glaives nus sont apportés dans un lieu sacré; car on ne trouve dans la ville nul endroit plus favorable au crime et à l'effroyable meurtre que la Curie. Alors, la déesse de Cythère se frappa des deux mains la poitrine et médite de cacher le descendant d'Énée dans la nuée grâce à laquelle Paris fut jadis soustrait à l'animosité de l'Atride et qui avait permis à Énée d'échapper à l'épée de Diomède. Mais son père lui parle en ces termes : « À toi seule, comptes-tu, ma fille, changer le cours de l'inévitable destin ? Je te permets d'entrer toi-même dans la demeure des trois sœurs ! Tu y verras l'énorme masse des tables de bronze et de fer massif où est inscrite l'histoire du monde; hors de toute atteinte, éternelles, elles ne redoutent ni le choc du ciel, ni les fureurs de la foudre, ni la destruction. Tu y trouveras gravés dans l'indestructible acier les destins de ta race. Je les ai lus moi-même, je les ai notés dans mon esprit, et je vais te les dire, pour que, dès maintenant, tu n'ignores rien de l'avenir. Celui pour qui tu es en peine, ô déesse de Cythère, a accompli son temps, et le cours des années qu'il devait à la terre est révolu. Qu'il ait, comme dieu, accès au ciel et place dans les temples, ce soin te revient, à toi et à son fils. Héritier du nom, celui-ci portera seul le fardeau qui lui est imposé, et, vengeur intrépide du meurtre de son père, il nous trouvera, dans les combats, à ses côtés. Sous ses auspices, les remparts de Mutina assiégée, vaincus, demanderont la paix ; Pharsale sentira le poids de sa force et, une seconde fois, le sang arrosant l'Émathie ruissellera, à Philippes ; et, dans les eaux de la Sicile, un grand nom connaîtra la défaite. L'épouse égyptienne d'un chef romain, trompée dans l'espoir que lui inspirait son hymen, succombera, et vaine aura été sa menace d'asservir mon Capitole à son Canope. À quoi bon t'énumérer les peuples barbares qui occupent les bords des deux océans ? Tout ce que porte la terre habitée appartiendra à ce héros, et la mer même lui sera soumise. Après avoir donné la paix à la terre, il s'appliquera à faire régner le droit dans la cité et se montrera le législateur le plus respectueux de la justice. Par son propre exemple, il réglera les mœurs et, étendant sa prévoyance dans l'avenir jusqu'aux âges où vivront ses arrière-neveux, il ordonnera au fils né de son épouse vénérée de prendre, avec son nom, les soucis du pouvoir ; et c'est le jour seulement où sa vieillesse aura égalé le nombre des années du roi de Pylos, qu'il rejoindra au céleste séjour les astres de sa famille. Cependant, prends cette âme, que le meurtre a séparée de son corps et fais-en une étoile éclatante ; je veux que le divin Jules, du haut de sa nouvelle demeure, garde toujours les yeux fixés sur mon Capitole et sur le forum. [...]

Elle la transporta parmi les astres du ciel. Tandis qu'elle la transportait, elle sentit que cette âme s'imprégnait de lumière et s'embrasait. Elle la laissa alors échapper de son sein. L'âme prend son vol plus haut que la lune ; traînant une chevelure de flamme qui trace dans l'espace un long sillage, c'est une étoile étincelante.

Les Métamorphoses,
traduit par J. Chamonard
© Garnier Frères

Et voici la métamorphose : dans une belle vision poétique, l'âme de Jules César devient cette « étoile étincelante à la chevelure de feu ». Dès sa mort, la déesse Vénus, mère d'Énée, transporte dans le séjour des dieux « la seule tête qui lui reste d'Iule, le descendant de Dardanus ». Où l'on retrouve les origines mythiques de Rome, cette nouvelle résurgence de la ville de Troie défaite par les Grecs. La fondation de Rome et son développement sont une histoire de bout en bout menée par les dieux. Le dieu Mars est le père de Romulus et Remus, et la déesse Vénus a donné naissance à la « gens Julia », dont est issu Jules César. L'antiquité gréco-latine est aussi un véritable espace déo-géopolitique. Défaits à Troie, Mars et Vénus ont pris leur revanche à Rome et veillent sur son avenir. Comme la déesse Athéna a pu veiller sur la fondation et le devenir d'Athènes.

SUÉTONE

« L'empereur Auguste embellit Rome pour la majesté de l'Empire »

Voici que s'avance le divin Auguste, premier César. À la suite de l'assassinat de Jules César, il gouverna les destinées de Rome pendant un demi-siècle. Petit-neveu et fils adoptif de César, Octave se trouve en première ligne aux lendemains de la mort de César en 44, mais il entre en conflit avec Marc Antoine dont il triomphera en 31 à la bataille d'Actium. Octave devient alors maître de toutes les provinces de l'Empire et prend le titre d'empereur sous le nom d'Auguste, en 27 avant Jésus-Christ. Il le conservera jusqu'à sa mort, en l'an 14 après J.-C., après laquelle il fut divinisé. L'extension continue des territoires de la République romaine et cent ans de guerres civiles avaient fait éclater au grand jour l'inadéquation des anciennes structures de l'état et la nécessité d'une réforme en profondeur. Auguste s'attela à la tâche avec la plus grande habileté, de même qu'il entreprit de donner un nouveau visage architectural à Rome et qu'il favorisa une nouvelle vie culturelle. Il donna naissance à cette cité impériale, protégée par les dieux, dont on peut encore aujourd'hui admirer les vestiges. Ainsi naquit le célèbre « siècle d'Auguste », symbole de paix et de prospérité.

« Fasse le Ciel que l'État se maintienne en pleine prospérité et qu'en retour je recueille la récompense à laquelle j'aspire, d'être désigné comme le fondateur du régime le plus heureux et d'emporter en mourant l'espérance que les fondements de l'État demeureront inébranlables, tels que je les aurai jetés. » Lui-même se chargea de réaliser son vœu, en faisant tous ses efforts pour que personne n'eût à se plaindre du régime nouveau. La beauté de Rome ne répondait pas à la majesté de l'empire et la ville se trouvait exposée aux inondations et aux incendies : Auguste l'embellit à tel point qu'il put se vanter à bon droit « de la laisser en marbre, après l'avoir reçue en briques ». Quant à la sécurité, il la lui garantit même pour l'avenir, autant que la prudence humaine put y pourvoir.

Il construisit un très grand nombre de monuments publics, dont voici les principaux : un forum avec un temple de Mars Vengeur, un temple d'Apollon sur le Palatin, un autre de Jupiter Tonnant sur le Capitole. Il construisit un forum, parce qu'étant donné l'affluence de la foule et le nombre des procès, les deux anciens ne suffisaient plus et qu'un troisième semblait encore nécessaire; c'est pourquoi l'on se hâta, sans attendre que le temple de Mars fût achevé, de l'ouvrir au public, et l'on eut soin de l'affecter spécialement aux procès publics et au tirage au sort des juges. Quant au temple de Mars, c'est après avoir entrepris la guerre de Philippes pour venger son père qu'il avait fait vœu de l'élever; aussi décida-t-il que le sénat délibérerait dans ce temple au sujet des guerres et des triomphes, que de là partirait le cortège des magistrats se rendant en province avec un commandement et que là seraient portés par les généraux vainqueurs les insignes de leurs triomphes. Il fit élever le temple d'Apollon dans une partie de sa maison du Palatin qui avait été frappée par la foudre, et que ce dieu, d'après la réponse des haruspices, réclamait pour lui; il y ajouta des portiques, avec une bibliothèque latine et grecque; souvent même, déjà bien âgé, c'est en cet endroit qu'il réunit le sénat et passa en revue les écuries des juges. Il consacra un temple à Jupiter Tonnant, parce qu'il avait été épargné par la foudre, qui, durant une marche de nuit, lors de son expédition contre les Cantabres, avait effleuré l'avant de sa litière et tué l'esclave la précédant avec un flambeau.

Vies des douze Césars,
traduit du latin par Henri Ailloud
© Éditions Gallimard, 1975

Suétone relate l'ensemble des réformes entreprises par le grand empereur. Reprenant le calendrier instauré par son prédécesseur Jules César (qui perdure encore aujourd'hui), Auguste donna aussi son surnom (traduit par « août ») à ce huitième mois qui était celui de ses grands succès militaires (de même que Jules César avait donné son nom à son mois de naissance – « juillet »). Il faut rendre grâce à Suétone d'avoir dressé ces portraits impériaux. Son contemporain Tacite commence son analyse de l'Empire à partir de Tibère. Ils évoquent tous deux les empereurs qui ont fait les grandes heures de Rome. Mais Suétone n'eut jamais la gloire de Tacite et, sauf à être spécialiste, on s'intéresse peu à ses écrits. On en retient seulement les pages noires consacrées aux empereurs mal-aimés, Tibère, Caligula et Néron, dont la cruauté ou la folie ont contribué à charger l'histoire de Rome.

HORACE

« Heureux celui auquel la divinité, d'une main économe, a procuré ce qui suffit »

Le poète Virgile présenta le jeune Horace au chevalier Mécène, connu pour ses prodigalités envers ses protégés (il donnera son nom au « mécénat »). Timide, Horace avait reçu une éducation soignée. Il fit connaître ses talents poétiques par des Satires *fort drôles sur la vie quotidienne à Rome. En véritable bienfaiteur, Mécène fit d'Horace l'un des écrivains officiels du régime. L'empereur Auguste lui proposa même d'être son secrétaire particulier mais Horace refusa, soucieux de préserver son indépendance. Ses* Odes *et* Épodes *sont plutôt des chants d'amour inspirés des Grecs qui l'influencent durablement. L'harmonie de ses vers, souvent parfaite, donnera un grand rayonnement à son* Art poétique, *véritable modèle pour nombre de poètes à venir.*

L'or aime à se frayer un chemin à travers les gardes et à percer la roche, plus puissant que le choc de la foudre. Elle est tombée, la maison du devin d'Argos, plongée par l'attrait du gain

dans l'abîme du désastre ; il a fait éclater les portes des villes, l'homme de Macédoine, et sapé ses rivaux en royauté grâce à des présents ; aux présents viennent se prendre, comme au filet, les chefs farouches des navires.

Mais, à une fortune croissante, le souci s'attache, et la soif de posséder davantage. À bon droit j'ai redouté d'attirer de loin les regards en élevant haut la tête, ô Mécène, honneur des chevaliers.

Plus chacun se refuse à soi-même, plus il obtiendra des dieux : je gagne, nu, le camp de ceux qui ne désirent rien, et, transfuge, je m'empresse à quitter le parti des riches,

maître plus opulent d'un bien méprisé que si, de tous les champs que laboure l'infatigable Apulien, je passais pour cacher le blé dans des greniers à moi, indigent au milieu d'immenses richesses.

Un ruisseau d'eau pure, un bois de peu d'arpents, une moisson qui ne trahisse pas mon attente, celui que pare l'empire de la fertile Afrique ne se doute pas que c'est un lot plus riche que le sien.

Bien que je ne voie point pour moi les abeilles de Calabre produire leur miel, ni la liqueur de Bacchus s'amortir dans une amphore lestrygonienne, ni croître dans les pâturages gaulois d'épaisses toisons,

pourtant la gêne fâcheuse est loin de moi, et, si je voulais davantage, tu ne me refuserais pas tes dons. En restreignant mes désirs, j'étendrai mes modestes revenus mieux

que si, du royaume d'Alyattès, j'arrondissais les campagnes mygdoniennes. À qui beaucoup demande il manque beaucoup. Heureux celui auquel la divinité, d'une main économe, a procuré ce qui suffit.

Odes et épodes, livre troisième
Traduction de F. Villeneuve
© Les Belles Lettres

> *« Parva sed apta* – petite, mais suffisante ». Peu me suffit. C'est souvent là tout l'idéal de vie exprimé par Horace : l'expression même de la philosophie épicurienne, dont le poète se fit le chantre et qui fut très en vogue à Rome.

Cette philosophie grecque fut transmise aux Romains dès le IIe siècle avant notre ère par les disciples d'Épicure, en particulier Philodème de Gadarra qui séjournait en Campanie, comme l'attestèrent plus tard les fouilles d'Herculanum. Selon les épicuriens, il n'y a pas d'au-delà, il faut donc cueillir tous les plaisirs de la vie ici-bas, « ici et maintenant », sans se projeter dans un avenir dont l'inquiétude inspire plus de tourments que de réelles satisfactions, toujours hypothétiques. « *Carpe diem,* écrit Horace, *quam minime credula postero* – cueille le jour, crois le moins possible au lendemain ». Mais de nos jours l'épicurisme a pris un sens libertaire et extensif qui contredit ses principes originels. Le bonheur ne consiste pas dans la recherche effrénée des plaisirs. Selon Épicure, il faut en permanence borner ses désirs, car vouloir trop plonge aussi dans l'inquiétude quand on reçoit peu. Et conduit fatalement au malheur. Il faut donc contenir ses désirs dans le cercle étroit de ses possibilités réelles.

JÉRÔME CARCOPINO

« L'opulence de la table romaine »

La vivacité de son style et l'extraordinaire documentation de Jérôme Carcopino ont fait de son livre un ouvrage de référence. Les aspects de la vie quotidienne sont présentés avec un tel luxe de détails qu'on se croit littéralement transporté dans la Rome antique. Les maisons patriciennes et leur atrium intérieur respirent le calme, les Romains passent un temps fou aux thermes, leur système d'égouts est une invention qui a traversé les millénaires, mais la circulation est décidément impossible. Nos embouteillages les plus terrifiants sont d'aimables plaisanteries au regard de ce tohu-bohu permanent d'hommes et de marchandises circulant à toute heure du jour et de la nuit dans une métropole surpeuplée – plus de 500 000 habitants au temps de Jules César. Plus plaisantes la profusion de la table romaine et l'habileté consommée des cuisiniers romains, vantés au Ier siècle par les poètes Pétrone ou Martial ? « Passés maîtres dans l'art de dresser des plats dont les apprêts empêchent d'identifier la substance, écrit Carcopino « ils savent aussi bien donner l'apparence d'un poisson à une vulve de truie, ou celle d'un ramier à un morceau de lard. » Il faut dire que les alentours de Rome semblent des pays de cocagne !

Dans les golfes voisins de la Ville se pêchaient les poissons, les crustacés, les coquillages de la Méditerranée. Dans les forêts Laurentine et Ciminienne se chassaient les gibiers. Les campagnes toutes proches fournissaient la viande et le laitage de leurs troupeaux, les fromages de Trebula et des Vestins et tous les légumes : choux et lentilles, fèves et laitues, raves et navets, courgettes et potirons, melons et asperges. Le Picenum et la Sabine étaient renommés pour la qualité de leurs huiles. D'Espagne provenaient les saumures avec lesquelles on assaisonnait les œufs ; de Gaule, les charcuteries ; de l'Orient, les épices ; et, de toutes les contrées de l'Italie et de l'Univers, les vins et les fruits ; pommes et poires, figues de Chio, citrons et grenades de l'Afrique, dattes des oasis, prunes de Damas. Chaque espèce avait ses amateurs ; et l'on rassemblerait dans Juvénal une collection de gourmands alléchés par l'abondance du marché : l'homme de la rue qui hume avec délices le fumet « d'une vulve de truie dans une taverne bien chaude » ; le fils de famille qui, suivant les traces de sa ganache de père, glouton à cheveux blancs, se préoccupe, dès l'adolescence, de gratter les truffes, d'assaisonner les bolets et de plonger les becfigues dans la sauce convenable ; le prodigue qui paye 6 000 sesterces le surmulet dont il a envie ; le gourmet Montanus, capable, à la première bouchée, de discerner des huîtres de Circéi de celles du Lucrin.

[...]

Voici, par exemple, de quoi se compose la *cena* organisée par Martial pour sept convives sur le *stibadium* de sa salle à manger : « Mon intendante m'a apporté des mauves laxatives et les richesses variées dont se pare mon jardin, la laitue aplatie et le poireau à sectionner en tranches, sans oublier la menthe flatteuse ni la roquette qui porte à l'amour. Des œufs coupés menu couronneront des anchois sur un lit de rue, et il y aura des tétines de truie relevées par de la saumure de thon. Voilà pour les hors-d'œuvre. Et puis mon modeste repas ne souffrira qu'un seul service : un chevreau soustrait à la dent d'un loup féroce, des côtelettes grillées, des fèves et de jeunes choux verts. À cela s'ajoutera un poulet ainsi qu'un jambon qui a déjà survécu à trois repas. Quand vous n'aurez plus faim, je vous servirai des fruits mûrs, un flacon de Nomentum débarrassé de sa lie et qui atteignit deux fois trois ans sous le Consulat de Frontin (en 98 après Jésus-Christ). Escomptez, en outre, des plaisanteries sans fiel, une franchise qui ne vous effrayera pas le lendemain matin et pas une parole que vous voudriez n'avoir pas lâchée. » Plus simple encore et plaisant le dîner que Juvénal annonce à son ami : « Écoute le menu : le marché n'en aura point fait les frais. Des pâturages de Tibur viendra un chevreau bien gras, le plus tendre du troupeau. Il n'aura pas encore brouté l'herbe ni osé mordre aux pousses des jeunes saules ; il a plus de lait que de sang. Des asperges de montagne que, laissant là son fuseau, la fermière a cueillies, puis de gros œufs, encore tout chauds du foin fripé où ils étaient déposés, et les poules qui les ont pondus ; des raisins conservés une partie de l'année, aussi beaux que sur les ceps ; des poires de Signia ; des pommes au frais parfum, rivales de celles du Picenum. »

La vie quotidienne à Rome à l'apogée de l'Empire
© Hachette, 1939

Publié à la veille de la Deuxième Guerre mondiale, le livre de Carcopino, qui dirigeait l'École française de Rome, a fait date. On regrettera cependant que, dans les enseignements de la Rome antique, Jérôme Carcopino ait aussi puisé les sources d'une sympathie marquée pour le régime fasciste imposé par Mussolini.

TACITE

« Comment l'empereur Tibère contraint Libo Drusus à la mort, ou la description de ce qui dévora la république »

Tacite est sans doute l'historien romain qui eut le regard le plus lucide sur le passé et l'avenir de Rome. Né sous le règne de Néron et mort sous Hadrien, Tacite occupe plusieurs fonctions officielles de consul, puis de proconsul d'Asie. Les Annales, *qu'il compose après ses* Histoires, *retrace l'évolution de l'empire romain depuis l'avènement de Tibère, en l'an 14 après Jésus-Christ, jusqu'à la fin de Néron, qui se suicide en 68 – soit un demi-siècle d'une histoire où il montre l'empire sous son vrai jour : les luttes de clans, les intrigues de cour, la force brutale déguisée en droit, et une cruauté sans égale au sommet du pouvoir. À la lecture des* Annales, *les* serial killers *contemporains paraissent bien ternes : le sang coule à toutes les pages, et ce jusqu'au cœur de l'empire. À la moindre dénonciation, au moindre soupçon, ces empereurs qui ont gouverné le monde occidental n'hésitent pas à conduire le fer au sein de leur propre famille, « infectant de meurtres leur propre maison ». Toute entrave à la volonté de puissance est supprimée ; on accule au suicide, fût-ce une mère, une épouse, un fils, un cousin…*

Vers le même temps Libo Drusus, de la famille des Scribonii, fut accusé d'une conspiration contre l'empereur. Je veux décrire plus en détail le début, le développement et la fin de cette affaire, parce qu'alors pour la première fois fut mis au jour ce qui à travers tant d'années dévora la république. Le sénateur Firmius

Catus, des confidents intimes de Libo, poussa ce jeune homme étourdi, facile à abuser, vers les prédictions des Chaldéens, les cérémonies des Mages, et même les interprètes des rêves, cependant qu'il lui vante son bisaïeul Pompée, sa tante Scribonia, qui avait jadis été l'épouse d'Auguste, ses cousins les Césars, sa maison pleine de portraits d'ancêtres, et qu'il l'exhorte au luxe et à l'emprunt, se faisant compagnon de ses débauches et de ses embarras, pour le tenir par plus d'indices. Dès qu'il eut assez de témoignages et qu'il eut abouché des esclaves pour noter tout cela, il demande une audience du prince, indiquant le grief et l'accusé par l'entremise du chevalier romain Flaccus Vescularius, qui avait des relations plus proches avec Tibère. César refusa l'entrevue : le dialogue pouvait en effet se poursuivre par l'intermédiaire du même Flaccus. En attendant, il gratifie Libo de la préture, l'invite à ses banquets ; il avait tellement concentré sa colère, qu'on n'en voyait nulle trace, ni sur son visage, ni dans ses propos. Il eût pu arrêter les dires ou les gestes du jeune homme : il préférait les épier ; jusqu'à ce qu'un certain Junius, sollicité d'évoquer par ses formules les ombres infernales, apportât ce renseignement à Fulcinius Trio. Célèbre entre tous les délateurs était le génie de Trio, et affamé d'une gloire mauvaise. Sur-le-champ il saisit l'accusé, voit les consuls, demande la juridiction du Sénat. Et les Pères sont convoqués, en ajoutant qu'on devait consulter sur une affaire importante et pénible. Pendant ce temps, Libo prenant le deuil, fait le tour des demeures avec des femmes nobles, supplie ses relations, demande leur appui dans le danger, et tous l'éconduisaient, donnant divers prétextes, avec la même peur. Le jour de la séance, malade de crainte et d'amertume, ou bien, comme certains le rapportèrent, simulant de l'être, il est porté dans sa litière jusqu'aux portes de la curie. Il s'appuie sur son frère, tend les mains et ses paroles suppliantes vers Tibère, qui le reçoit le visage impassible. Bientôt César donne lecture du rapport et des témoignages, se réglant de manière à ne pas adoucir ni aggraver les chefs d'accusation. [...] Libo, disait-il, avait demandé s'il allait posséder des richesses au point de recouvrir la voie Appienne jusqu'à Brindes de son argent; d'autres choses de ce genre étaient aussi stupides, vaines et, à le prendre avec plus d'indulgence, pitoyables; cependant l'accusateur faisait état de signes sinistres ou obscurs placés par la main de Libo en face des noms de César ou bien de sénateurs sur un des livres. L'accusé niant, il fut décidé d'interroger par la torture les esclaves qui soutenaient le fait; et comme un ancien sénatusconsulte interdisait de donner la question contre les intérêts du maître, retors et inventeur de lois nouvelles, Tibère ordonne de vendre chacun d'eux à un agent d'État, pour que l'on pût ainsi, sans violer le sénatusconsulte, interroger ses esclaves contre Libo. Voyant cela, l'accusé demanda le renvoi au lendemain, et une fois rentré chez lui il confia à son parent Publius Quirinius ses dernières prières pour le prince. Il lui fut répondu de demander au Sénat. Pendant ce temps, sa maison était investie par les soldats : et ils faisaient du vacarme dans le vestibule, pour qu'on pût les entendre, les voir, lorsque Libo, tourmenté jusque dans le repas qu'il avait commandé pour son dernier plaisir, réclame un bourreau, saisit la main de ses esclaves, y introduit un glaive. Et comme ces derniers, en s'affolant, en s'enfuyant, renversaient la lumière posée sur la table, dans ces ténèbres déjà pour lui infernales il se frappa deux coups dans les entrailles. À son gémissement tandis qu'il s'effondrait, accoururent ses affranchis, et la mort constatée les soldats se retirèrent. Pourtant l'accusation est poursuivie devant les Pères avec la même persévérance ; et Tibère jura qu'il aurait demandé sa grâce, tout coupable qu'il fût, s'il ne se fût donné la mort avec une telle hâte.

Annales, Livre II, 27-31,
traduit du latin par P. Wuilleumier
© Les Belles Lettres, 1924, 1978, 1996

Tibère consolida les bases de l'empire. Mais il succédait au « divin Auguste », universellement respecté. Ce « Second César » n'eut jamais le même rayonnement que son prédécesseur. Revêche, soucieux d'économie, il fut le grand mal-aimé des Romains et de l'histoire, comme le souligne Lucien Jerphagnon dans sa roborative *Histoire de la Rome antique* (Tallandier, 1987). Tacite, avec ses *Annales*, contribua largement à la diffusion de sa légende noire. On le voit hanté par sa propre tyrannie, en proie à un monstre qui le dévore, écrivant un jour au Sénat : « Que les dieux et les déesses me damnent, autant que je me sens damné de jour en jour. » Ainsi, les Romains, qui adulaient Germanicus, eurent tôt fait de lui attribuer la mort prématurée et sans doute accidentelle de leur jeune héros, vainqueur de la Germanie. Puis Drusus, le propre fils de Tibère, mourut à son tour dans des circonstances mystérieuses. Au comble de l'impopularité, en 26, Tibère se retira en Campanie. Loin des miasmes de la cour, il se fit construire un palais sur les hauteurs de l'île de Capri[1]

1. Voir *Le goût de Capri et autres îles italiennes*, collection « Le Petit Mercure », Mercure de France, 2002.

et continua à gouverner de cette retraite, tout en s'enfermant dans une solitude de plus en plus désenchantée. Sans jamais plus revenir à Rome ! Il mourut non loin de Naples, à Misène, en 37 après Jésus-Christ.

LUCRÈCE

« Le monde est un agrégat d'atomes, projetés par le grand Tout »

Cette page du traité De la nature *est l'une des plus belles visions poétiques de la création du monde. Deux siècles après le philosophe grec Épicure (341-270), Lucrèce présente le monde comme issu d'un flux de matière, uniquement composé de l'ensemble des atomes de l'univers, ces corps minuscules à l'existence tourbillonnaire. Leurs mouvements invisibles se découvrent dans les rayons du soleil. Portés par les vents, les atomes accourent et se groupent selon les espèces. Des atomes d'essence non pas divine mais matérielle, non pas descendus des hauteurs du ciel le long d'un câble d'or (*« in aurea funis »*), mais bel et bien enfantés par la terre (*« genuit tellus »*). Mais cette matière est promise à la mort : peu à peu, tout s'use et se décompose pour redevenir poussière, dans le cycle du grand Tout (*« spatio aetatis defessa vetusto »*).*

Après le temps originaire du monde, l'aurore
première de la mer, de la terre et du soleil,
beaucoup d'atomes vinrent s'ajouter du dehors,
s'ajouter alentour, projetés par le grand Tout ;
ainsi la mer et les terres s'accrurent, ainsi
la maison du ciel fit apparaître son espace
et souleva son toit bien au-dessus des terres
tandis que l'air montait ; car, sous l'effet des chocs,
tous les atomes de tout l'univers accourant
se distribuent et rejoignent chacun leur espèce,
l'eau rejoint l'eau, de corps terrestres la terre s'accroît,
de feux le feu est bombardé, de corps éthérés l'éther,

tant qu'enfin la nature créatrice achève son œuvre
et mène le monde au terme extrême de sa croissance,
comme il arrive quand les veines de la vie ne reçoivent
aucun élément de plus qu'elles n'en laissent couler et perdre.
Pour toute créature, voici l'heure de marquer le pas :
voici que la nature a pouvoir de freiner la croissance.
Les êtres que tu vois grandir en progression joyeuse
et gravir peu à peu les degrés de l'âge adulte
assimilent en effet plus d'atomes qu'ils n'en rejettent,
tant que la nourriture afflue sans peine dans leurs veines,
tant qu'ils ne sont assez distendus pour perdre beaucoup
et dépenser plus que leur âge ne peut absorber.
Car les atomes sont nombreux à s'écouler des corps,
il faut le concéder, mais plus nombreux à les rejoindre,
jusqu'au jour où le faîte de la croissance est atteint.
Lors, insensiblement, force et vigueur adultes
se brisent et la vie s'écoule vers le pire.
Car au terme du progrès, plus un corps est vaste,
plus il s'est amplifié, plus nombreux sont les atomes
qu'il rejette et répand en tous sens alentour.
La nourriture à grand-peine se diffuse dans les veines,
elle ne suffit plus à compenser les pertes,
renouveler ces larges flots qui déferlent des corps.
Il est donc juste qu'ils périssent, par ce flux raréfiés,
tous enfin succombant sous les chocs extérieurs,
puisque au grand âge la nourriture vient à manquer
et que les atomes s'abattant du dehors
ne cessent d'infester et de vaincre toute chose.

De la nature
Traduction de José Kany-Turpin © Aubier

Cent ans avant l'ère chrétienne, cette vision du monde était révolutionnaire. Elle dérangea tellement qu'une légende courut sur la vie de Lucrèce. José Kany-Turpin, le traducteur de ce célèbre traité, la raconte : un philtre amoureux l'aurait rendu fou, il aurait rédigé ses traités lors de phases de rémission, Cicéron les aurait corrigés et, à la fin, il se serait donné la mort, âgé de quatre-quatre ans. Cette notice biographique peu flatteuse est rapportée par saint Jérôme, quatre siècles plus tard ! On imagine sans peine combien le matérialisme radical de Lucrèce dérangea les Pères de l'Église. Pour autant, son traité est essentiel dans l'histoire de la philosophie et des sciences car c'est le seul document qui nous soit parvenu intégralement, alors qu'on ne connaît que des fragments du *Traité de la nature* d'Épicure. Cette vision matérialiste du monde, issue elle-même des philosophies présocratiques et de l'atomisme antique de Leucippe et Démocrite (au VIe et Ve siècle avant J.-C.) est d'une étonnante modernité. On ne s'étonnera pas que les plus grands physiciens contemporains lisent et méditent le *De natura rerum* de Lucrèce. Son intuition de la force motrice des atomes, soumise à une légère déviation – « *clinamen* » – « en un temps, en un lieu que rien ne détermine », donnera naissance, dans les années 1930, aux théories modernes du hasard et à la physique quantique.

SÉNÈQUE

« Quand le souverain est l'âme d'un état qui est son corps, il s'épargne lui-même quand il semble épargner autrui. »

*Auteur de traités majeurs (*De la tranquillité de l'âme, De la clémence*), Sénèque est l'un des grands philosophes stoïciens. À la différence des épicuriens, qui cultivent leur jardin à l'écart du monde, les stoïciens sont résolument engagés dans l'action politique. Né à Cordoue dans la province romaine d'Espagne, Sénèque exercera les plus hautes charges au Sénat. Ce qui lui vaudra d'être au cœur des grands drames politiques de son époque, vivant les temps de la terreur impériale sous Tibère, puis sous son successeur Caligula, puis sous Claude qui le fit exiler sous prétexte de complot contre le pouvoir. Rappelé d'exil par Agrippine, la mère de Néron, Sénèque devint le précepteur du futur empereur. Lourde charge qui lui permit de prendre une part prépondérante aux affaires de l'empire, et de méditer sur les contraintes du pouvoir. Peut-on gouverner sans la terreur ? C'est le sens même de cette leçon.*

C'est parce qu'ils aiment à être sains et saufs que les peuples engagent des légions par dizaines pour un seul homme, courent en première ligne, portent leurs poitrines au-devant des blessures, afin que les enseignes de leur empereur ne battent pas en retraite. Tel est en effet le lien qui assure la cohérence de l'État, le souffle vital qui anime tant de milliers d'hommes, alors que par eux-mêmes ils ne seraient rien qu'un fardeau et une proie, si cet esprit du pouvoir cessait de souffler :

« Tant que le roi est sain et sauf, il n'y a qu'un esprit pour tous. Après sa perte on rompt la foi jurée. »

Voilà le malheur qui causera la perte de la paix romaine et qui conduira à sa ruine la fortune d'un si grand peuple ; ce peuple restera éloigné de ce péril aussi longtemps qu'il saura supporter un frein ; s'il arrive qu'il le rompe ou qu'il ne se le laisse pas remettre une fois que quelque hasard l'aura débridé, l'unité actuelle qui fait l'assemblage du plus grand empire éclatera en mille morceaux, et pour notre ville la fin de la domination se confondra avec celle de l'obéissance. C'est pourquoi les princes, les rois et ceux qui, sous n'importe quel autre nom, se font les tuteurs de l'État et du peuple reçoivent sans qu'on doive s'en étonner un amour qui dépasse même les affections privées ; en effet si pour des hommes de saine raison les affaires publiques ont plus d'importance que les affaires privées, il s'ensuit qu'ils préfèrent aussi celui en la personne de qui se convertit toute la République. Autrefois en effet c'est ainsi que César s'est revêtu de la République : on ne pouvait retrancher l'un sans la perte des deux : car le premier a besoin de forces, et celle-ci d'une tête. Mon discours semble s'être trop écarté de son propos ; au contraire par Hercule il serre de près cela même qui lui est essentiel. En effet si, selon la conclusion à laquelle nous sommes arrivés, tu es l'âme de la République et elle ton corps, tu vois, je pense, combien nécessaire est la clémence ; c'est toi en effet que tu épargnes lorsque tu sembles épargner autrui.

De la clémence in *La philosophie politique à Rome d'Auguste à Marc Aurèle,*
© Armand Colin, 1969

Sénèque ne bénéficia guère de cette magistrale leçon de clémence. Son impérial élève s'étant détaché de sa tutelle austère, en 62, il cessa sa collaboration à un gouvernement qui devenait injuste à ses yeux. Trois ans plus tard, à l'occasion de la conjuration de Pison, à laquelle on le crut mêlé, Néron lui donnera l'ordre de se suicider. Pour Sénèque, qui avait été l'un des premiers à faire la théorie du « martyre pour la liberté », les différentes étapes de cette mort inique apparaissent comme une œuvre ultime de patience et de sagesse, manifestant toute la grandeur d'âme du philosophe stoïcien.

PASCAL QUIGNARD

« Frappe au ventre, c'est le mot de Rome »

L'œuvre de Pascal Quignard témoigne d'une connaissance intime des auteurs latins. En 1994, il publia un essai magistral, Le sexe et l'effroi, *qui fit grand bruit car il proposait une lecture décapante des codes de la sexualité antique, fondée sur les textes mais aussi sur les représentations de scènes érotiques, notamment celles des demeures pompéiennes, préservées par leur séjour de dix-sept siècles sous les cendres du Vésuve. Il présente ainsi son livre : « Quand Auguste réorganisa le monde sous la forme de l'empire, l'érotisme joyeux, anthropomorphe et précis des Grecs se transforma en mélancolie effrayée. Des visages de femmes remplis de peur, le regard latéral, fixent un angle mort. Le* phallus *n'existe pas. Les Romains appelaient* fascinum, *ce que les Grecs nommaient* phallos. *Dans le monde humain, comme dans le règne animal, fasciner contraint celui qui voit à ne plus détacher son regard. Il est immobilisé sur place, dans l'effroi. […] La jouissance ne peut jamais distinguer de façon absolue la peur de la pâmoison. Pourquoi pendant des années ai-je écrit ce livre ? poursuit Pascal Quignard. Pour affronter ce mystère : c'est le plaisir qui est puritain. La jouissance arrache la vision de ce que le désir n'avait fait que commencer à dévoiler. »*

Le sexe est lié à l'effroi. Dans Apulée, Psyché s'interroge *(Métamorphoses,* VI, 5) : « Dans quelle nuit *(tenebris)* puis-je me cacher *(abscondita)* pour fuir *(effugiam)* les yeux inévitables *(inevitabiles oculos)* de la grande Vénus *(magnae Veneris)* ? » Lucrèce parle d'un « désir soucieux », d'un « effrayant désir » *(dira cupido)* et il définit la *cupiditas* de ce désir comme la « blessure secrète » *(volnere caeco)* des hommes. Virgile définit l'amour lui-même : « une ancienne et profonde blessure qui brûle d'un feu aveugle ou secret » *(gravi jamdudum saucia cura volnus caeco igni).*

[...]

L'orgasme était décrit comme la *summa voluptas,* d'abord chaude, puis fricative, puis tempétueuse, enfin explosive. Elle explose dans la crête de la vague (avant l'écume masculine) par laquelle la chair mortelle connaît le pouvoir de se reproduire et se révèle capable d'assurer la continuité du corps social. Les sociétés grecque et romaine ne dissociaient pas biologie et politique. Le corps, la cité, la mer, le champ, la guerre, l'œuvre étaient confrontés à une seule vitalité, exposés au même risque de stérilité, sujets aux mêmes appels de fécondité.

L'homme n'a pas le pouvoir de rester érigé. Il est voué à l'alternance incompréhensible et involontaire de la *potentia* et de l'*impotentia.* Il est tour à tour pénis et phallos *(mentula* et fascinum). C'est pourquoi le pouvoir est le problème masculin par excellence parce que c'est sa fragilité caractéristique et l'anxiété qui préoccupe toutes ses heures.

L'éjaculation est une perte voluptueuse. Et la perte de l'excitation qui en résulte est une tristesse puisqu'elle est le tarissement de ce qui jaillissait. Il se trouve qu'il n'y a pas de civilisation qui ait plus ressenti cette tristesse que la civilisation romaine. Il est vrai que la perte de la semence peut se révéler féconde mais cette fécondité ne peut jamais être perçue comme telle à cet instant humiliant du rabougrissement et de la rétraction du *membrum virile* hors de la *vulva.*

Le *fascinum* disparaît dans la *vulva* et il ressort *mentula.*

La virilité de l'homme s'engloutit dans la jouissance zoologique de la même façon que le corps de l'homme disparaît dans la mort. Parce que le soi le plus intime de l'homme *(vir)* n'est jamais à l'intérieur de sa tête ni dans les traits de son visage : le soi est là où va la main masculine quand le corps se sent menacé.

À une religion contagieuse, de plus en plus syncrétiste puisqu'elle associait à son propre triomphe, à sa propre « piété », toutes les religions des peuples dont elle était victorieuse, correspondit une crainte de plus en plus maléfique. Les Romains, qui étaient encombrés de gestes conjurateurs, s'encombrèrent d'*apotropaion* de toute nature pour détourner le mauvais œil ou encore pour le désarmer par le sarcasme du *ludibrium,* pour le « retourner à l'envoyeur » comme Persée fait du regard de Méduse à l'aide de son bouclier. *Apotropaion* veut dire en grec l'effigie qui écarte le mal et dont le caractère *terribilis* provoque en même temps le rire et l'effroi. Le grec *apotropaion* se dit en latin *fascinum.* Le *fascinum* (le fascinus artificiel) est un *baskanion* (un préservatif contre le mauvais œil). Plutarque dit que l'amulette ithyphallique attire le regard du fascinateur *(fascinator)* pour l'empêcher de se fixer sur la victime. De là l'incroyable arsenal jamais exhibé dans les musées d'amulettes, de pendeloques obscènes, de ceintures, de colliers, de gnomes burlesques, tous de forme priapique, en or, en ivoire, en pierre, en bronze qui font l'essentiel des déblais des fouilles archéologiques. Les médius tendus *(digitus impudicus,* la main fermée à l'exception du majeur, *mesos dactylos,* pointé vers le haut, était l'insulte suprême), les amulettes représentant la *fica* (avancer l'extrémité du pouce entre l'index et le médius), les pieds de table phalliques, les pieds de lampe, enfin les *tintinnabulum* de bronze ou de métal (fascinus auxquels étaient suspendues des petites clochettes et qui étaient accrochés à la ceinture, aux doigts, aux oreilles, sur les poutres, sur les lampadaires, sur les trépieds). Le corps humain ne présente qu'une partie singulièrement tintinnabulante, c'est le pénis de l'homme et, à un moindre degré, les bourses, puis les mamelles et les fesses féminines lorsqu'elles sont marquées d'adiposité. À cet égard c'est la sexualité humaine qui est affectée, dans les parties qui suscitent le désir, c'est-à-dire dans les parties qui témoignent du désir, par la vacillation. Ce sont ces formes éminemment marquées de métamorphose, placées à la limite du corps, menaçant de tomber, qui sont de ce fait les plus protégées. Les femmes de la Rome ancienne comme celles de la Rome impériale témoignèrent dans le bandage des seins de cette obsession. Le soutien-gorge, qui se dit en grec *strophion* et en latin *fascia,* est lié de ce fait au *fascinum* des hommes. Sous le voile de ce tissu non cousu étaient dissimulées des bandelettes de cuir de bœuf qui comprimaient les mamelles. Rares sont les peintures érotiques qui dévoilent la poitrine féminine. Tacite (*Annales,* XV, 57) montre Epicharis, impliquée dans la conjuration de Pison, débandant sa *fascia* pour s'étrangler avec.

« Notre quartier regorge tellement de divinités protectrices qu'on y rencontre un dieu plus facilement qu'un homme », déclare soudain Quartilla dans le roman de Pétrone. (On rencontre plus fréquemment dans les rues de Rome, de Pompéi ou de Naples, un *fascinum* de pierre ou de bronze qu'une *mentula* d'homme.) À Naples, à Anicetus venu l'assassiner dans son lit, Agrippine cria : « Frappe au ventre ! » « Frappe au ventre ! », c'est le mot de Rome.

Le sexe et l'effroi
© Éditions Gallimard, 1994

Le sexe et l'effroi reçut le Grand Prix du Mai du livre d'art en 1994. La lecture de cet ouvrage permet de comprendre quelque chose du grand mystère de la sexualité, à partir d'une réflexion lumineuse sur les origines de notre propre culture en ce domaine. En 1998, Pascal Quignard fit retour sur sa lecture des fresques pompéiennes dans l'émission du « Bon Plaisir de… », sur France Culture, qu'il construisit autour du thème de la réminiscence, central dans son œuvre d'écrivain (cf. *Le nom sur le bout de la langue*, chez P.O.L., 1993). À l'époque, Pascal Quignard publiait un nouvel essai, *Vie secrète*, centré sur la vie intime et la complexité des rapports amoureux, cette fois à partir de son expérience personnelle.

TACITE

« L'empereur Néron a-t-il ordonné le grand incendie de Rome ? »

Un jeune homme de dix-sept ans succède à l'empereur Claude en 54 après J.-C. : Néron, dont le soleil avait caressé la tête au moment de la naissance, semble béni par les dieux. « Aux hommes épuisés [par le règne de Claude], il rendra des siècles fortunés, et il mettra fin au silence des lois... tel le soleil radieux qui contemple l'univers, telle Rome va contempler Néron », écrit Sénèque, son précepteur et conseiller politique. Les sept premières années de son règne furent bénéfiques pour Rome. Restauré dans son rôle politique, le Sénat respire ; bien conseillé par Sénèque et le préfet Burrus, Néron adopte une série de mesures qui lui valent la faveur de son peuple, et son goût pour les arts le fait passer pour un vivant Apollon. Tout bascule à partir de l'assassinat de sa mère, Agrippine, jugée trop ambitieuse. Selon les Annales, *les sept années suivantes tournent vite au cauchemar ! Surtout lorsqu'éclate la tragédie de juillet 64, le grand incendie de Rome.*

Alors survient une catastrophe – fut-elle due au hasard ou à la malignité du prince, on ne sait, car les deux versions ont eu des garants – ; en tout cas, de toutes celles que fit subir à notre Ville la violence des flammes, il n'y en eut pas de plus grave et de plus horrible. Le feu prit d'abord dans la partie du Cirque contiguë aux monts Palatin et Caelius ; là, grâce aux boutiques remplies de marchandises qui alimentent la flamme, violent dès sa naissance et poussé par le vent, il dévora toute la longueur du Cirque, car il n'y avait ni demeures entourées de fortes clôtures, ni temples ceints de murs, rien enfin qui pût ralentir sa marche. Dans son élan, l'incendie parcourut d'abord les parties planes, puis s'élança vers les hauteurs, et, de nouveau, ravagea les quartiers bas, devançant les remèdes par la rapidité du mal et trouvant une proie facile dans la Ville aux ruelles étroites et tortueuses, aux immeubles mal alignés, telle que fut la Rome d'autrefois. De plus, les lamentations des femmes épouvantées, la faiblesse des vieillards et des enfants, ceux qui songeaient soit à eux-mêmes soit à autrui, en traînant les faibles ou en les attendant, les uns par leur retard, les autres par leur précipitation, bloquaient tout. Et souvent, en regardant derrière soi, on était assailli sur les côtés ou par-devant ; ou bien, si l'on avait réussi à s'échapper dans les quartiers voisins, ils devenaient aussi la proie des flammes, et ceux mêmes qu'on avait crus éloignés, on les trouvait dans le même état. Enfin, ne sachant plus ce qu'il fallait éviter ou rechercher, on se met à remplir les rues, s'étendre à travers champs ; certains, ayant perdu toute leur fortune, de quoi subvenir même aux besoins du jour, d'autres, par tendresse pour ceux des leurs qu'ils n'avaient pu arracher aux flammes, négligeant le chemin du salut, succombèrent. Et personne n'osait combattre l'incendie, devant les menaces réitérées de ceux qui, en grand nombre, défendaient de l'éteindre, et parce que d'autres lançaient ouvertement des torches, en s'écriant qu'on les y incitait, soit pour exercer leurs rapines avec plus de licence, soit qu'ils aient agi par ordre.

Annales, Livre XV,
traduit du latin par P. Wuilleumier
© Les Belles Lettres, 1924, 1978, 1996

Il fallut une semaine pour venir à bout du brasier ! Densité extrême des hautes maisons en bois, usage constant des réchauds à braise et des lampes à huile : tous les facteurs étaient réunis pour tourner au drame. Un quart de la ville disparut dans les flammes. On chercha des coupables. On sut que le feu avait inspiré à l'empereur artiste un chant sur la ruine de Troie, donné sur la scène de son théâtre privé. On l'accusa d'avoir fait brûler Suburre pour donner place à une ville nouvelle. Les temples ayant été ravagés par le feu, Néron détourna la juste colère du peuple contre les ennemis des dieux antiques, les chrétiens, apôtres d'une religion nouvelle (selon Tacite, une « exécrable superstition née en Judée, berceau du mal »). Ils furent offerts en pâture à la fureur populaire en quête de boucs émissaires. Vêtus de peaux de bête, ils furent jetés aux chiens ou crucifiés et transformés en torches nocturnes. Ce furent les premiers grands martyres chrétiens.

JÉRÔME CARCOPINO

« Le Colisée, le matin, un hallucinant jardin des supplices et à midi, un abattoir de chair humaine »

Ce texte du chapitre des « spectacles » à Rome de Carcopino évoque les réjouissances dont les Romains étaient friands, en s'étonnant de voir combien « des milliers de Romains, pendant des jours et des jours, et chaque fois du matin jusqu'au soir, trouvaient leur contentement dans de cruelles immolations ». D'autant plus que jusqu'à la fin du IIe siècle, on conserva l'habitude des munera sine remissione, *combats de gladiateurs d'où nul ne devait réchapper.*

Dans des longs spectacles qui, à Rome, accaparaient la journée entière, il y avait des moments où le programme normal se corsait d'exceptionnelles atrocités : dans la *venatio* du matin et dans l'hoplomachie de la méridienne, où la mort était inévitable et la bravoure inutile. Les *gladiatores meridiani* recrutaient exclusivement des voleurs, des assassins, des incendiaires à qui leurs crimes avaient mérité de périr dans l'amphithéâtre : *moxii ad gladium ludi damnati.* C'est à la pause de midi qu'on leur réglait leur compte. Sénèque nous a décrit cette ignominie. On poussait sur l'arène le minable peloton des condamnés. On en détachait une première paire composée d'un homme en armes et d'un homme simplement vêtu d'une tunique. Le premier devait tuer le second et le tuait à coup sûr. Après quoi, il était désarmé et conduit à un nouveau venu qu'on avait armé jusqu'aux dents, et la boucherie continuait, inexorable, jusqu'à ce que la dernière tête du troupeau eût roulé sur le sable. Le massacre du matin était plus hideux encore. Auguste, lorsqu'il avait dressé sur le Forum pour le bandit Selouros un pilori sur lequel on lâcha des panthères et des léopards affamés, avait peut-être, sans le vouloir, inventé ce supplice spectaculaire qui s'est généralisé par la suite. Des criminels des deux sexes et de tout âge, que le juge, en raison de leur scélératesse vraie ou supposée et de l'humilité de leur condition, avait voués *ad bestias,* étaient, à l'aube, traînés dans l'arène sur laquelle montaient du sous-sol les fauves à qui ils étaient livrés. Cette *venatio,* à laquelle un bas-relief d'Oxford, une terre cuite d'Afrique, une mosaïque de Tripolitaine nous font assister, ne comportait pas de chasseurs, *venatores,* mais des bestiaires, *bestiarii,* proie jetée sans défense aux bêtes féroces. C'est le genre de torture illustré par l'héroïsme de la vierge Blandine dans l'amphithéâtre de Lyon, par Perpétue et par Félicité dans celui de Carthage, et dans la Ville par tant de Chrétiens, sanctifiés ou anonymes, de l'Église romaine. En souvenir de ces martyrs, une Croix élève maintenant au milieu du Colisée sa protestation silencieuse contre la barbarie à laquelle ont succombé ses fidèles avant de l'abolir, et nous ne pouvons regarder aujourd'hui cet emblème sans être enveloppés comme en un frisson d'horreur par les ombres invisibles qui flottent autour de lui. En vain se rappellerait-on, en guise d'excuse, l'instant choisi pour cette *venatio* matinale, quand l'amphithéâtre commençait à peine à se remplir, et l'heure assignée aux *gladiatores meridiani,* lorsque l'amphithéâtre était aux trois quarts vide *(dum vacabat arena),* parce que les travailleurs n'avaient pas encore eu le temps d'y prendre leur place et que, les oisifs l'avaient déjà quitté pour manger un morceau à la maison. Si cet horaire témoigne d'une sorte de pudeur et manifeste comme un regret des Romains d'avoir dû organiser ces visions de cauchemar, il y avait chez eux trop d'amateurs qui, pour rien au monde, ne se seraient privés d'un spectacle qui nous révolte et dont ils se délectaient. Plutôt que d'en rien perdre, ils préféraient, tel l'empereur Claude, s'astreindre à pénétrer dans l'amphithéâtre avant l'aurore et se passer de déjeuner à midi ; et, malgré tous les plaidoyers qu'il nous est loisible d'imaginer, le peuple romain demeure coupable d'avoir tiré une réjouissance publique de ses exécutions capitales et, pour elle, trop souvent, d'avoir fait du Colisée, le matin, un hallucinant jardin des supplices, et, à midi, un abattoir de chair humaine.

La vie quotidienne à Rome à l'apogée de l'Empire
© Hachette, 1939

Il y eut des réactions contre cette lèpre, l'élite romaine chercha à plusieurs reprises à en atténuer la violence. L'empereur Auguste tenta d'acclimater à Rome les jeux grecs, où la lutte conçue comme un sport moderne fortifiait les corps au lieu de les anéantir. Néron, à son tour, essaya d'introduire des épreuves d'endurance physique et des concours de poésie et de chant ; si certains sénateurs daignèrent participer aux premières, personne n'osait rivaliser avec l'empereur, très susceptible en matière de chant. Il fallut donc beaucoup de temps pour éradiquer ce goût de la barbarie des jeux affectionnés par le peuple romain.

MARGUERITE YOURCENAR

« Accepter les vicissitudes de la Rome éternelle »

Marguerite Yourcenar découvrit un jour dans la correspondance de Flaubert une phrase inoubliable : « Les dieux n'étaient plus, il y a eu de Cicéron à Marc Aurèle un moment unique où l'homme seul a été. » Cicéron vécut au Ier siècle avant Jésus-Christ et Marc Aurèle fut empereur de 161 à 180 après Jésus-Christ. Trois siècles pendant lesquels l'homme fut seul, sans dieux. « Seul mais relié à tout », ajoute Marguerite Yourcenar, précisant que cette solitude fut longtemps au cœur de ses préoccupations. Les Mémoires d'Hadrien *furent publiés en 1951. Empereur de 117 à 138, Hadrien appartient à la dynastie des six empereurs Antonins, qui commence en 98 avec Trajan, et s'achève en 192 avec Commode, à laquelle appartient également Marc Aurèle (161-180). Selon Marguerite Yourcenar, Hadrien fut « cet homme presque sage », initiateur de temps nouveaux et l'un des derniers libres esprits de l'Antiquité. Elle le met en scène parlant à la première personne. Ici, l'empereur parvenu à la fin de sa vie médite sur son action.*

Ma patience porte ses fruits ; je souffre moins ; la vie redevient presque douce. [...]. L'avenir du monde ne m'inquiète plus ; je ne m'efforce plus de calculer, avec angoisse, la durée plus ou moins longue de la paix romaine ; je laisse faire aux dieux. Ce n'est pas que j'aie acquis plus de confiance en leur justice, qui n'est pas la nôtre, ou plus de foi en la sagesse de l'homme ; le contraire est vrai. La vie est atroce ; nous savons cela.

Mais précisément parce que j'attends peu de chose de la condition humaine, les périodes de bonheur, les progrès partiels, les efforts de recommencement et de continuité me semblent autant de prodiges qui compensent presque l'immense masse des maux, des échecs, de l'incurie et de l'erreur. Les catastrophes et les ruines viendront; le désordre triomphera, mais de temps en temps l'ordre aussi. La paix s'installera de nouveau entre deux périodes de guerre; les mots de liberté, d'humanité, de justice retrouveront çà et là le sens que nous avons tenté de leur donner. Nos livres ne périront pas tous; on réparera nos statues brisées; d'autres coupoles et d'autres frontons naîtront de nos frontons et de nos coupoles; quelques hommes penseront, travailleront et sentiront comme nous : j'ose compter sur ces continuateurs placés à intervalles irréguliers le long des siècles, sur cette intermittente immortalité. Si les barbares s'emparent jamais de l'empire du monde, ils seront forcés d'adopter certaines de nos méthodes; ils finiront par nous ressembler. Chabrias s'inquiète de voir un jour le pastophore de Mithra ou l'évêque du Christ s'implanter à Rome et y remplacer le grand-pontife. Si par malheur ce jour arrive, mon successeur le long de la berge vaticane aura cessé d'être le chef d'un cercle d'affiliés ou d'une bande de sectaires pour devenir à son tour une des figures universelles de l'autorité. Il héritera de nos palais et de nos archives; il différera de nous moins qu'on ne pourrait le croire. J'accepte avec calme ces vicissitudes de Rome éternelle.

Mémoires d'Hadrien
© Éditions Gallimard, 1971

Pour prolonger la lecture du chef-d'œuvre écrit par la première femme élue à l'Académie française, il faut aller visiter, un beau jour d'été, la villa Adriana, à quelques kilomètres de Rome. On s'y retrouve immédiatement transporté en un temps révolu et pourtant si proche. Dans ce palais d'été de l'empereur Hadrien, en 1987, les Romains imaginèrent aussi de mettre en scène une adaptation théâtrale du livre de Marguerite Yourcenar, en occupant tout l'espace de la villa. Un souvenir inoubliable. On espère que d'autres auront la chance d'assister à un tel spectacle !

MARC AURÈLE

« Pour une morale stoïcienne »

*On ne connaît pas tout des Stoïciens. Même si les œuvres de Cicéron, Plutarque ou Sénèque participent directement de cette philosophie, les seuls écrits complets qui nous soient parvenus après le VIe siècle sont ceux d'Épictète et de Marc Aurèle, qui vécurent au Ier et au IIe siècle après Jésus-Christ. Or plusieurs siècles les séparent des philosophes fondateurs de ce mouvement, initié par Zénon en Grèce vers l'an 300 avant J.-C., qui enseignait sous un portique (*stoa *en grec) – d'où le nom du stoïcisme, appelé aussi « philosophie du portique ». La civilisation romaine fut un terrain favorable à l'épanouissement du stoïcisme. La vie même de l'empereur Marc Aurèle (empereur de 161 jusqu'à sa mort, à cinquante-neuf ans) manifeste tout l'intérêt de cette philosophie matérialiste, où l'homme est gouverné par le Destin et les dieux, qui exige un engagement dans le monde et l'action politique, en même temps qu'elle incline à une grande rigueur morale, condamnant les passions comme « des mouvements irrationnels de l'âme ».*

Celui qui commet l'injustice est un impie. En effet, la nature de l'univers ayant organisé les êtres raisonnables les uns pour les autres, afin qu'ils se prêtent, suivant le mérite de chacun, un mutuel secours, et ne se nuisent jamais, celui qui transgresse la volonté de la nature commet évidemment une impiété envers la plus ancienne des déesses. Mentir, c'est aussi commettre une impiété envers la même déesse : car la nature de l'univers est la nature de tous les êtres ; par conséquent les êtres ont tous un lien de parenté entre eux. Ce n'est pas tout : on l'appelle encore vérité, et elle est la première cause de tout ce qui porte le caractère du vrai. Par conséquent, mentir sciemment c'est être impie, en tant qu'il est impie de tromper ; mentir involontairement, c'est l'être encore, en tant qu'on se met en désaccord avec la nature de l'univers, et en tant qu'on trouble l'ordre du monde en combattant contre la nature du monde. En effet, on combat contre elle quand on se porte, même contre son propre gré, à ce qui est contraire à la vérité ; car la nature nous avait doués d'un penchant à la vérité : nous l'avons négligé, et il ne nous est plus possible de distinguer le faux du vrai. C'est aussi une impiété de courir après les voluptés comme après des biens, et de fuir les douleurs comme des maux, car il est inévitable qu'un homme dans ce cas n'adresse pas des reproches fréquents à la commune nature, de faire un inique partage aux méchants et aux gens de bien, vu que souvent les méchants vivent dans les plaisirs et possèdent ce qui peut les procurer, tandis que les gens de bien sont dans la peine et ne rencontrent que des causes de douleur. En outre, celui qui craint les douleurs, craindra un jour quelqu'une des choses qui doivent arriver dans le monde ; et c'est là déjà une impiété. Et celui qui court après les plaisirs ne s'abstiendra pas de commettre l'injustice : et là, l'impiété est manifeste. Or, il faut, dans les choses où la nature se montre indifférente (car si elle n'y était pas indifférente elle n'agirait pas en des sens opposés) ; il faut, dis-je, pour tous ces objets, que ceux qui veulent se conformer à la nature partagent son dessein, et ne penchent ni d'un côté ni d'un autre. Quiconque n'accepte pas indifféremment la douleur et le plaisir, la mort et la vie, la gloire et l'ignominie, toutes choses dont la nature use indifféremment, celui-là est, sans nul doute, un impie.

Pensées

Marc Aurèle dut constamment protéger les frontières de l'empire contre les attaques des barbares et mourut sur le front du Danube, emporté par la peste. Ces guerres sont le point de départ du film *Gladiator* de Ridley Scott (sorti en 2000), un grand « péplum » bâti sur l'opposition entre Commode, le fils de Marc Aurèle, et Maximus, un général auquel, selon le film, Marc Aurèle aurait voulu confier la restauration de la République. La réalité est tout autre. Cet empereur qui passa dix-sept ans (sur les dix-neuf de son règne) en guerres défensives, mais qui créa aussi quatre grandes chaires pour l'enseignement de la philosophie (de Platon, Aristote, Épicure et des stoïciens) laissa ce recueil de *Pensées*, qui tiennent de « la méditation et de l'examen de conscience ». Ses contemporains les pères de l'Église ne les renieront pas. La rigueur stoïcienne inspire en effet la plupart des attitudes de la morale chrétienne. La vertu austère de leur empereur philosophe a fasciné les Romains jusque dans les temps modernes. Son buste, au musée Capitolin, offre un beau visage empreint de gravité ; sa statue équestre en bronze, la seule qui nous soit parvenue de l'âge classique, dominait la place du Capitole. Les Romains viennent de la déplacer, non loin de là, pour la protéger de la pollution.

STENDHAL

« Le Colisée, le plus beau vestige du peuple romain »

Pour entrer dans la Rome antique encore visible de nos jours, place à l'un des plus imposants monuments de Rome, le Colisée, présenté par l'écrivain qu'on associe d'emblée à la découverte littéraire de l'Italie : Henri Beyle – Stendhal, ce fils de Grenoble qui, par amour pour la Péninsule, choisit de mourir milanese *– milanais. Ici en pleine méditation. Après l'horreur des supplices évoqués par Carcopino, voici une image nettement plus pacifique de l'immense Colisée.*

Rome, 16 août 1827. – Le Colisée offre trois ou quatre points de vue tout à fait différents. Le plus beau peut-être est celui qui se présente au curieux lorsqu'il est dans l'arène où combattaient les gladiateurs, et qu'il voit ces ruines immenses s'élever tout autour de lui. Ce qui me touche le plus, c'est ce ciel d'un bleu si pur que l'on aperçoit à travers les fenêtres du haut de l'édifice vers le nord.

[...]

L'on verra un théâtre ovale, d'une hauteur énorme, encore tout entier à l'extérieur du côté du nord, mais ruiné vers le midi : il contenait cent sept mille spectateurs.

La façade extérieure décrit une ellipse immense ; elle est décorée de quatre ordres d'architecture : les deux étages supérieurs sont formés de demi-colonnes et de pilastres corinthiens ; l'ordre du rez-de-chaussée est dorique, et celui du second étage ionique. Les trois premiers ordres se dessinent par des colonnes à demi engagées dans le mur, comme au nouveau théâtre de la rue Ventadour.

Le monde n'a rien vu d'aussi magnifique que ce monument : sa hauteur totale est de cent cinquante-sept pieds, et sa circonférence extérieure de mille six cent quarante et un. L'arène où combattaient les gladiateurs a deux cent quatre-vingt-cinq pieds de long sur cent quatre-vingt-deux de large. Lors de la dédicace du Colisée par Titus, le peuple romain eut le plaisir de voir mourir cinq mille lions, tigres et autres bêtes féroces, et près de trois mille gladiateurs. Les jeux durèrent cent jours.

Promenades dans Rome, in *Voyages en Italie*

Stendhal a la bougeotte. L'édition de la Pléiade recense avec un luxe de détails près de trente ans de ses voyages entre l'année 1791 et 1829. Il n'a que seize ans quand il vient en Italie pour la première fois, en 1800, découvrant Milan, la région des lacs et les îles Borromées. Son premier séjour à Rome est plus tardif, il date de 1811. Mais il n'aura de cesse d'y revenir, ainsi qu'à Naples et en Campanie, pour des missions diplomatiques, des conférences, humant l'air du temps et des salons, cherchant la beauté des pierres et des œuvres, et se livrant tout entier à son amour pour la musique italienne et le *bel canto*, spectateur assidu aux représentations de la Scala de Milan ou au San Carlo de Naples, auxquelles il a consacré des pages magnifiques, toutes d'humour et de passion.

JOHANN WOLFGANG VON GOETHE

« Il faut déterrer la Rome antique de dessous la moderne »

Autre amoureux de l'Italie, quinze ans avant Stendhal, Johann Wolfgang von Goethe. Son journal de voyage est moins connu en France, mais il est tout aussi inoubliable. C'est pour échapper à l'univers pesant de Carlsbad qu'en 1786 Goethe prend la route vers le Sud. Sans même prévenir ses amis, il part subitement, incognito, le bagage léger, méprisant tous les dangers. En deux ans de voyage, il gagnera l'extrême sud, pour atteindre Palerme. Deux années essentielles qui lui permettront de découvrir l'art classique, les paysages et la population. « J'exerce mes yeux à voir l'ensemble », écrit-il. Dans son Second Faust, *le guetteur Lyncée, qui se présente comme « né pour regarder », dit encore : « je vois partout l'éternelle beauté, et comment les choses m'agréent ». Mais le Goethe voyageur qui arrive à Rome en 1786 éprouve d'abord quelque déconvenue. À la fin du* XVIIIe *siècle, l'amateur d'antique doit encore faire un travail de défricheur.*

[...] Avouons que c'est un pénible et triste travail de déterrer la Rome antique de dessous la moderne, et pourtant il faut le faire, dans l'espoir d'une satisfaction inestimable. On trouve les vestiges d'une magnificence et d'une destruction qui vont l'une et l'autre au-delà de notre imagination. Ce que les barbares ont laissé debout, les architectes de Rome moderne l'ont dévasté.

Quand on considère une existence qui remonte à plus de deux mille ans, qui a subi par les vicissitudes des temps des changements si divers et si profonds, et pourtant toujours le même sol, les mêmes collines, souvent les mêmes colonnes et les mêmes murailles, et, dans le peuple, les traces encore de l'ancien caractère, on se trouve initié aux grands arrêts de la destinée, et l'observateur a d'abord de la peine à démêler comment Rome succède à Rome, et non seulement la ville moderne à la ville ancienne, mais, les unes aux autres, les diverses époques de l'ancienne et de la nouvelle. Je me borne premièrement à tâcher de trouver moi-même les points à demi couverts ; c'est seulement alors qu'on peut utiliser parfaitement les beaux travaux préparatoires ; car, depuis le XVe siècle jusqu'à nos jours, des artistes et des savants de grand mérite ont consacré leur vie entière à ces recherches.

Et ce prodige agit sur nous tout doucement, à mesure que nous parcourons la ville à la hâte pour arriver aux objets les plus grands. En d'autres lieux, il faut chercher ce qui est remarquable : ici, il nous surcharge et nous accable. Qu'on chemine ou qu'on s'arrête, il s'offre aux regards des paysages de toute sorte, palais et ruines, jardins et déserts, vastes espaces et étroits passages, maisonnettes, étables, arcs de triomphe et colonnes, souvent tout ensemble et si près qu'on pourrait mettre le tout sur la même feuille. Il faudrait écrire avec mille burins : que peut faire ici une plume ? Et puis, le soir, on est épuisé et lassé de voir et d'admirer.

Voyage en Italie,
traduction de l'allemand par Jacques Porchat,
révisée, complétée et annotée par Jean Lacoste
© Éditions Bartillat, 2003

Passés les premiers moments difficiles, Goethe change d'opinion. Il entre enfin dans l'histoire. Quelques jours plus tard, il écrit dans son journal : « Je commence à goûter les antiquités romaines. L'histoire, les inscriptions, les monnaies, dont je ne voulais pas entendre parler, tout cela m'assiège maintenant. À ce lieu se rattache toute l'histoire du monde et je compte comme un second jour de naissance, une véritable renaissance le jour ou je suis arrivé à Rome. » Les futurs lecteurs de Goethe ne l'oublieront pas. Ces deux ans d'itinérance inscriront le voyage en Italie dans la grande tradition des voyages de formation. À la suite de leur grand écrivain, bien des Allemands viendront bientôt découvrir l'antique et renaître en Italie.

ANDRÉ SUARÈS

« Au Panthéon dans l'Olympe de l'Empire »

André Suarès découvre Rome en 1895, à vingt-sept ans. Pour ce jeune Provençal, c'est un enchantement : « Partout la présence de l'infini est vive. Amour et ruines partout. C'est pourquoi Rome est pleine d'amour. » Il consacre à la ville des pages flamboyantes, hymne à la grandeur de l'art et à la vitalité du peuple romain. D'autant plus qu'il se sent souvent déconcerté par le contact avec les vrais Romains. Tels ceux qui habitent de l'autre côte du Tibre, dans le quartier de Trastevere, réputé le Saint des Saints des Romains. Là, selon lui, la population a gardé « un je ne sais quoi d'antique », et dans leur gravité mêlée de gaieté cruelle, on perçoit mieux qu'ailleurs « l'âme rude, chaude et fière des vrais Romains ». Entrons donc avec lui dans l'un des plus beaux monuments hérités de la Rome antique, au Panthéon. On saisit très vite à Rome que c'est grâce à la suprématie de l'Église que Rome a conservé son universalité, et que la Papauté a succédé à l'Empire, imposant « la Ville éternelle » dans le monde chrétien. Or, voici qu'au cœur de la ville et des églises baroques, un lieu échappe à l'emprise de la religion catholique.

[...] Il est un lieu dans Rome où la religion catholique reste étrangère, c'est au Panthéon. Quiconque y met les pieds, s'il ne réussit à chasser de son esprit tout ce qui lui rappelle l'Église, doit se trouver mal à l'aise dans ce temple froid, clair et superbe. C'est le seul qui soit resté païen, et à peu près tel qu'il fut dans l'ancien temps, au-dedans et au-dehors. Il n'a rien de grec ; il n'a rien du Christ. Il est romain. Les papes l'ont toujours traité en ennemi. De bonne heure, ils l'ont dépouillé de son manteau de marbre, collé à ses membres puissants et vigoureux de briques. Ils en ont cassé les statues des dieux. Ils lui ont pris sa parure de plaque de bronze, qui fixée à la coupole formait une chevelure digne de lui à ce front d'airain. Ils ont, au-dedans, mis à nu l'éclatante voûte vêtue de plaque d'or et de bronze : quel collier vénérable, quelle belle ferronnière ce métal devait faire à l'œil vu du ciel, qui, au sommet de la coupole ouverte plonge librement dans le temple son regard bleu.

[...]

Le Panthéon est de bien loin la plus belle architecture de Rome. En vain il a perdu beaucoup de ses ornements sculptés. Hormis à Paestum en Italie et en Grèce, il n'est rien de pareil à ses trois nefs portées par des colonnes de granit. Les chapiteaux corinthiens ne sont pas si purs que d'une beauté merveilleuse. Ce n'est pas la paix sereine des Grecs, mais la jouissance infinie qui a aussi sa sérénité.

[...]

Au-dedans tombe du ciel une lumière incomparable. Celui qui passe du portique dans ce temple, ayant soin de laisser peser sur sa tête la masse des puissantes colonnes, leur hauteur géante et le noir regard de l'énorme porte de bronze, – s'il fait quelques pas en avant, les yeux fermés, et qu'il les ouvre tout à coup au milieu de la Rotonde, reçoit dans sa pensée une impression unique ; c'est un coup de lumière et l'Auguste Majesté. Le cœur n'est pas ému ; mais l'esprit est noblement remué. Rien de plus beau que ce jour qui vient d'en haut, et du ciel lui-même, par l'orbite de pierre ; si le ciel est pur, cette clarté bleue pénètre l'âme de joie. Si des nuages passent, la sérénité prend une voix assurée et presque, terrible.

Tout autour, les autels oubliés, les yeux jouissent de la beauté logique de ces grands cercles, et de ces axes et de ces diamètres égaux qui s'unissent si sobrement. Les rapports exacts éveillent toujours dans l'âme une sensation musicale.

C'est par où l'architecte est si pur, et là que l'architecte et le musicien se rencontrent.

Les lignes intérieures du Panthéon, sauf en deux points où l'artiste doit corriger dans son âme l'erreur des temps et des hommes, – chantent un unisson grave et solennel. Ici le culte de la loi et de l'autorité a son temple. La foi est un édit. L'autel des dieux est fondé sur la raison et sur la force. Rome commande, l'univers obéit. L'univers est fidèle et Rome est juste. Les maîtres du monde ont partout des autels, et Rome est le nom d'une grande dame présente en tous lieux. Ce temps sans idéal et sans rêve, mais d'une nécessité irrésistible, est l'Olympe de l'Empire.

Rome

© Éditions Calmann-Lévy, 1998

Heureusement, le *Rome* de Suarès, qui a dormi longtemps à l'état de liasses dans le fonds de la bibliothèque Doucet, a fini par être publié récemment dans une édition établie par Robert Parienté. Avec ces pages sur les beautés architecturales de Rome ou la vie romaine au quotidien – « Heureux les Romains ! Ils aiment à Rome. Le ciel est paré d'éternité pour eux » – les amateurs du très célèbre *Voyage du condottiere* découvriront enfin l'ensemble des pérégrinations italiennes d'André Suarès. Ce *Voyage*, qui nous emmène notamment à Venise et à Florence[1], est souvent considéré comme un livre majeur du XXe siècle. *Rome* est un précieux complément.

1. Voir l'extrait cité dans *Le goût de Florence*, collection « Le Petit mercure », Mercure de France.

DANIELLE PORTE

« Rome était ma patrie, plébéiens mes parents »

Pour quitter la Rome antique, honneur aux défunts ! Voici une épitaphe, inscrite comme telle sur un tombeau. Ainsi que le montre Danielle Porte, les épitaphes latines forment un vrai genre littéraire. Nos « regrets éternels » et autres expressions d'affliction normalisées font bien piètres figures au regard de ces textes. La parole est aux défunts et non à ceux qui les enterrent, et leurs propos sont de véritables adresses aux passants, qui disent l'amour de la vie et de ses plaisirs, et le regret de ne plus en être. Ainsi : « J'ai vécu à ma guise. Et pourquoi suis-je mort ? Je n'en ai pas idée ! » Parfois le défunt lance même des avertissements : « Voyageur, voyageur! Ce que tu es, moi je le fus, ce que je suis, tu le seras. » Voici un véritable hymne à la Rome antique, composé par T. Claudius Tibérinus, esclave affranchi qui devint un acteur célèbre et mourut à 27 ans.

Ô toi, qui que tu sois, que ta voiture emporte, en passant devant mon tombeau, suspends pour un instant la hâte du voyage. Lis jusqu'au bout. Et ainsi puisses-tu ne jamais déplorer de perte trop cruelle !

Tu vas trouver mon nom inscrit sur cette pierre. Rome était ma patrie, plébéiens mes parents. Une vie sans grands maux. J'étais connu du peuple, et, jadis, en faveur ; et je suis aujourd'hui une pincée de cendres, au sortir d'un bûcher qui coûta bien des larmes. Qui n'a pas vu ces bons banquets où l'on riait de tout son cœur, et où l'on veillait avec moi, tout en m'écoutant déclamer ? Jadis, avec le chant des Muses, je savais égrener les dits des grands poètes. Mes cadences étaient celles mêmes du cygne. Je savais réciter les textes inspirés, et les vers qu'écrivit le chantre méonien *(Homère)*. J'étais célèbre, alors, au Forum Impérial ! De tout ce que j'étais, ne reste que l'amour ; et puis aussi, le nom, et les larmes versées par mon père et ma mère. Ils déposent ici guirlandes, fleurs nouvelles, tout ce qui fit ma joie. Ainsi, j'erre, diffus, aux Champs Élyséens. Autant d'étoiles brillent, à l'astre du Dauphin, autant on en voit sur Pégase, autant d'anniversaires ai-je eus du Destin...

(Tombe de l'affranchi T. Claudius Tibérius, acteur, mort à 9+18 = 27 ans, nombre d'étoiles formant les deux constellations citées, protectrices des poètes ; vigne Saint-Césaire, derrière la porte Appia, Rome.)

In *Tombeaux romains, anthologie d'épitaphes latines*, traduit du latin par Danielle Porte, coll. « Le Promeneur »
© Éditions Gallimard, 1993

Spécialiste en religion et en poésie romaine, Danielle Porte a traduit et commenté ces *Tombeaux romains*. Passionnée aussi d'art lyrique, elle a étudié la résurgence de toutes les figures de l'antiquité romaine dans l'opéra. Les amateurs liront absolument son *Roma diva* (1987).

ÉMILE MÂLE

« Sur la via Appia se croisent le passé et l'avenir du monde »

*Le voyageur contemporain doit pénétrer dans Rome par l'Appia antica dans la lumière déclinante de la fin d'après midi : « rom-antisme » assuré. Des nombreuses voies qui reliaient l'*Urbs Romae *à toute la Péninsule, la* via Appia *est certainement la plus célèbre. Elle part du Sud de la ville, conduit vers la pointe de la botte, dans les Pouilles, au port de Brindisi, porte de l'Orient, et ouvre sur les provinces romaines de la Méditerranée – la Grèce, la Judée, l'Égypte... La beauté de la campagne romaine au sortir de la ville, avec ses pâtres et ses troupeaux, louée par les peintres et les écrivains, a fait la célébrité de la* via Appia. *Déambuler au milieu des tombeaux patriciens, de chaque côté, et les catacombes des premiers chrétiens, incline au recueillement. Le visiteur se trouve insensiblement transporté dans un autre temps où passent, mystérieuses, les ombres des Romains des premiers siècles après Jésus-Christ.*

Du temps des empereurs, on rencontrait parfois sur la voie Appienne le cortège funèbre d'un sénateur ou d'un consul avec ses pleureuses, ses joueurs de flûte et ses figurants portant sur le visage le masque funèbre des ancêtres. Le bûcher s'allumait devant un de ces grands tombeaux, dont les ruines ont gardé tant de poésie. D'autres cortèges, graves et silencieux, se dirigeaient vers des cimetières souterrains, creusés dans le tuf, un peu à l'écart de la route : c'étaient ceux des chrétiens. Le passé et l'avenir du monde marchaient sur le même chemin sans se connaître. La voie Appienne était une des voies sacrées du christianisme : saint Paul en avait foulé les dalles, et l'on racontait que le Christ lui-même, venant à la rencontre de saint Pierre, y avait laissé la trace de ses pas. Rien n'est plus émouvant que les Catacombes qui la bordent. Quand, après avoir suivi la belle allée de cyprès de Saint-Calliste, on descend dans les profondeurs, on se croit le contemporain des premières générations chrétiennes. Dans une des chapelles souterraines, on déchiffre, sur les plaques de marbre qui ferment d'étroits tombeaux, les noms des papes martyrs du IIIe siècle.

[...]

Dès ses origines, la religion nouvelle, avec sa douceur et ses immortelles espérances, fit ce miracle de triompher de l'orgueil patricien. Les peintures les plus anciennes des catacombes respirent cette douceur et traduisent cette foi dans l'immortalité et il est peu de chefs-d'œuvre qui nous touchent autant que ces pauvres fresques à moitié effacées. [...] Dans les peintures des cryptes, comme dans les inscriptions des tombeaux, éclate cette invincible espérance.

Rome et ses vieilles églises
© Éditions Flammarion, 1965

C'est en empruntant cette voie que le cinéaste Roberto Rossellini avait choisi de faire découvrir Rome à Ingrid Bergman, qu'il épouserait bientôt... Anna Magnani, sa maîtresse d'alors, avait compris le message. Rossellini ne lui reviendrait plus. Dans la préface de son *Rome et ses vieilles églises*, écrite en pleine guerre, en 1942, Émile Mâle, historien d'art catholique, se défend d'avoir voulu écrire un « guide du voyageur ». Pour l'auteur de *La fin du paganisme en Gaule* et de *Notre Dame de Chartres*, il s'agit avant tout d'apercevoir les différents aspects de l'art romain, depuis l'âge des persécutions jusqu'à la Renaissance. Un séjour de quatorze ans à Rome, avant la guerre, lui fait souhaiter « que le lecteur trouve quelque consolation à s'associer à cette grande histoire du christianisme et de la papauté, qui ont connu tant d'épreuves, dont l'art porte témoignage, mais qui n'ont jamais cessé de créer et d'espérer ».

LA ROME PAPALE

ÉMILE ZOLA

« Rome dans la nuit du Moyen Âge »

*Fondé par Octave Auguste en l'an 27 avant notre ère, le glorieux Empire romain durera cinq siècles. Alors qu'elle avait inventé tous les modèles qui fondent notre civilisation, l'*Urbs Romae *tombait, exsangue, sous les coups des barbares en l'an 476 après Jésus-Christ. Depuis le règne de Marc Aurèle, les Germains à l'ouest et les Parthes à l'est n'avaient cessé de menacer les frontières de l'empire. Un millénaire de domination du monde occidental s'achève misérablement, dans la débauche des Césars et le pillage des provinces. Devant les ruines de la capitale antique, poètes, écrivains, philosophes et artistes n'ont cessé de méditer sur cette « grandeur et décadence de Rome ». Un sujet de choix pour Émile Zola : à Rome, il pointe le début de la décadence avec l'empereur Constantin, cet « apostat » qui en 313 instaura le christianisme comme religion d'État, reniant les anciens dieux de Rome, et créa en Orient une seconde capitale à son nom – Constantinople. Après le concile de Nicée de 325, sur la nature de la Trinité, qui établit que « le Fils était consubstantiel au Père » et verrouilla l'orthodoxie, il y eut bientôt scission entre l'empire romain d'Occident et l'empire romain d'Orient. Un siècle plus tard, en 476, l'empire romain d'Occident était livré aux barbares et cessait d'exister.*

Dès Constantin, Rome a une rivale, Byzance, et le démembrement s'opère avec Honorius, et douze empereurs alors suffisent pour achever l'œuvre de décomposition, la proie mourante à ronger, jusqu'à Romulus Augustule, le dernier, le chétif misérable, dont le nom est comme une dérision de toute la glorieuse histoire, un double soufflet au fondateur de Rome et au fondateur de l'Empire. Sur le Palatin désert, les palais, le colossal amas de murailles, d'étages, de terrasses, de toitures hautes, triomphait toujours. Déjà, pourtant, on avait arraché des ornements, enlevé des statues, pour les porter à Byzance. L'Empire, devenu chrétien, ferma ensuite les temples, éteignit le feu de Vesta, en respectant encore l'antique *palladium,* la statue d'or de la Victoire, symbole de la Rome éternelle, qui était religieusement gardée dans la chambre même de l'empereur. Jusqu'au quatrième siècle, elle conserva son culte. Mais, au cinquième siècle, les Barbares se ruent, saccagent, brûlent Rome, emportent à pleins chariots les dépouilles laissées par la flamme. Tant que la ville avait dépendu de Byzance, un surintendant des palais impériaux était demeuré là, veillant sur le Palatin. Puis, tout se noie, tout s'effondre dans la nuit du Moyen Âge.

[...]

Vint un jour où le colossal entassement de palais et de temples, où le triomphal logis des empereurs, que le marbre devait rendre éternel, sembla rentrer dans la poussière du sol, disparut sous la houle de terre et de végétation que l'impassible nature avait roulée sur elle. Au brûlant soleil, parmi les fleurs sauvages, il n'y avait plus là que de grosses mouches bourdonnantes, tandis que des troupeaux de chèvres erraient en liberté, au travers de la salle du trône de Domitien et du sanctuaire effondré d'Apollon.

Rome

«Rome dans la nuit du Moyen Âge»

Après un roman consacré à Lourdes, le *Rome* de Zola est le second volet d'une trilogie consacrée à l'histoire chrétienne. Le héros, Pierre Froment, est un prêtre qui va à Rome pour défendre son livre menacé d'être mis à l'index par le Vatican. Zola se documente sur place et visite Rome dans les moindres détails – les quartiers, les monuments et la bonne société – échouant cependant à rencontrer le pape Léon XIII. *Rome* parut en mai 1896, alors que mûrissait l'affaire Dreyfus, et que l'on débattait ardemment des relations entre la science et la foi chrétienne. La méditation de Zola-Pierre Froment sur le pouvoir des papes «qui ont pris la place des Césars» n'a rien perdu de son actualité.

EDGAR QUINET

« La coupole de Saint-Pierre, domination visible de la papauté »

Un siècle après l'exploit architectural de Brunelleschi – la coupole de la cathédrale de Florence, toujours plus haute et plus vaste – s'élèvera celle de Saint-Pierre de Rome, construite par Michel-Ange. Symbole de la Rome papale, visible de toutes parts, urbi et orbi, *comme la bénédiction ! Saint-Pierre de Rome, la plus grande basilique du monde chrétien, fut construite à l'emplacement de la sépulture de l'apôtre Pierre. Choisi par le Christ comme « première pierre de son église », il a fondé la succession des papes. Quand Rome sort enfin de son Moyen Âge obscur, un millénaire après la disparition de l'empire, les papes de la Renaissance s'empressent d'ériger les signes matériels de leur pouvoir spirituel. Jules II fait détruire la première basilique construite en 326 par Constantin et, en 1506, confie à Bramante le chantier d'un nouvel édifice.*

Ce qui achève de donner à Rome son caractère, ce qui fait qu'elle est elle-même l'emblème permanent du catholicisme, le voici : au-dessus des ruines, des basiliques, des mosaïques, au-dessus de l'Antiquité et du Moyen Âge, la coupole de Saint-Pierre s'élève comme la domination visible de la papauté. Rien n'est plus facile que de faire la critique de cette église géante. C'est dans ses rapports avec Rome tout entière qu'il faut la considérer.

De presque tous les endroits de la plaine, et surtout des hauteurs de Frascati, d'Albano, du Monte Cavo, vous apercevez toujours au loin, dans le désert de la campagne, ce dôme qui marque la place de Rome ; c'est la triple couronne et la mitre de la ville éternelle. Rome, avec tous ses siècles, ne fait, pour ainsi dire, qu'un seul monument, dont l'unité est analogue à celle du catholicisme. Ses fondements sont cachés dans les catacombes des martyrs ; sa tête est chargée de la coupole de la cité nouvelle. Si le dôme de Saint-Pierre manquait à Rome, elle serait toujours la ville des tombeaux par excellence, mais elle ne serait plus l'emblème visible de l'Église triomphante. Il lui manquerait sa tiare.

Allemagne et Italie, 1839

Edgar Quinet reste songeur. Nationaliste cosmopolite, il parcourt l'Europe dans les années 1830 et découvre en Italie tous les signes d'une marche résolue vers le progrès spirituel et social. Déçu par la perte des idéaux de la révolution française de 1789, il trouve en Italie de nouvelles raisons d'espérer. Voici « une nation qui se constitue, sous le drapeau de la liberté et de l'indépendance des peuples ». Comme le souligne Yves Hersant, le Risorgimento naissant doit sûrement quelque chose à Quinet, et « le lecteur moderne aussi, qui peut le lire avec plaisir, même, et surtout, s'il oublie sa thèse politique ».

GIULIO CARLO ARGAN

« La basilique de Saint-Pierre, monument par excellence »

Pour entrer dans la symbolique du « monument par excellence », place à un grand historien d'art du XXe siècle, le Romain Giulio Carlo Argan (1909-1992) qui fut aussi maire (communiste) de Rome. Édifiée en deux siècles par plusieurs architectes, la basilique de Saint-Pierre exprime le style de la Renaissance et son évolution vers le baroque. Commencée en 1506 par Bramante, elle fut ensuite confiée à Raphaël et à Michel-Ange. Ce dernier érigea l'énorme coupole et donna au chœur sa forme définitive. Au XVIIe siècle, Maderno compléta la façade en lui apposant une longue nef latérale. Le Bernin travailla à l'intérieur de la basilique – on lui doit notamment le grand baldaquin noir central aux colonnes torses qui domine le tombeau de saint Pierre – et à l'extérieur, il a conçu la double colonnade qui ceinture en partie la place, d'où s'ouvre une magnifique perspective vers la ville et le Tibre. Énorme artère par laquelle on découvre l'axe symbolique vers la ville, qui relie la Papauté au cœur du monde.

Unité plastique ou architectonique, le monument représente l'autorité et les valeurs qu'il est appelé à traduire dans sa rhétorique. On ne peut le concevoir sans l'associer à l'idée de la ville-capitale, pas plus qu'on ne peut penser à cette dernière sans évoquer l'État absolu. Le monument constitue un noyau de grand prestige dans l'ensemble de la ville et il se situe d'ordinaire au centre d'une zone étendue qui est disposée de manière à le mettre en valeur. Cette idée qu'un monument doit exprimer des valeurs idéologiques est d'origine classique et remonte au XVIe siècle. La basilique de Saint-Pierre en est l'exemple frappant. Pendant tout le XVIe siècle l'histoire de sa construction et le développement sémantique du thème vont de pair et aboutissent au projet de Michel-Ange qui prévoit pour l'édifice un organisme plastique unitaire ramassé synthétiquement dans la forme symbolique de la coupole. Du premier dessin de Bramante jusqu'à la réalisation dernière, l'histoire de la construction de ce « monument par excellence » oscille entre deux exigences qui essaient de se concilier : une volonté de représentation symbolique totale, et d'autre part, une tendance fonctionnelle, fortement représentative également, puisque la scène où se déroule le rite visible n'est pas seulement un moyen mais fait partie du culte. Chez Bramante déjà on aperçoit cette double intention. Il unit la fonction symbolique et cultuelle dans la synthèse du schéma central et du schéma longitudinal, qui s'inspirent respectivement du « temple » et de la « basilique » classiques. Michel-Ange réunit dans son projet aux dimensions considérables les deux fonctions, qui apparaîtront distinctes et coordonnées dans le projet final, où se greffe au corps central de Michel-Ange la nef tout en longueur de Maderno. Décidée en pleine Contre-Reforme cette dernière solution fait de la basilique l'instrument d'un culte de masse où la propagande n'est pas absente, mais en s'appuyant sur l'idée que la communauté des fidèles ou mieux l'union des chrétiens constitue le corps même de l'Église et n'est pas seulement spectatrice mais exécutrice du rite.

L'âge baroque, traduit de l'italien
par Arnaud Tripet © Éditions Skira, 1989

Pour Argan : « Le monument se fonde sur un principe d'autorité et sur l'histoire ». On voit comment, au XVIIe siècle, « la science des effets visuels finit par prévaloir sur la science de la construction ». La coupole devient le symbole idéal de l'autorité de l'église dominant et protégeant le monde. Au XVIIe siècle, presque toutes les églises ont leur coupole : l'église est devenue la principale unité administrative de la ville baroque. De même, les colonnes, qui perdent toute fonction statique, ne sont plus que représentatives ; elles s'alignent, se répètent ou se superposent comme autant de marques de l'autorité – dans les couloirs des palais, sur les autels des églises, ou les monuments sépulcraux.

MONTAIGNE

« Dans la semaine sainte, un peuple ardent à la religion »

Après la rédaction des deux premiers livres des Essais, *en 1580, Montaigne quitte « la calme et songeuse librairie » de son château bordelais pour un voyage d'un an et demi. Après dix ans de quasi-clôture dans sa tour de travail, le philosophe « qui savait son Capitole avant de savoir le Louvre » réalise un rêve de jeunesse : il part pour Rome, par « chemin buissonnier ». Le but premier de l'expédition est de trouver quelque cure décisive d'eaux thermales qui soignent « sa gravelle » (maladie de la pierre : calculs néphrétiques) qui le fait souffrir de plus en plus. Mais Montaigne veut aussi satisfaire une intense curiosité des êtres et des lieux qu'il découvre, se déclarant en voyage « comme ceux qui lisent quelque fort plaisant conte d'où il leur prend la crainte qu'il vienne bientôt à finir ». Sa « santé pierreuse » n'altère pas sa malice, et les notations pétillantes de son* Journal de voyage en Italie *sont un document exceptionnel. À Rome, il veut tout voir, ne manque aucune fête laïque ni religieuse. Ici, il assiste aux cérémonies pascales. Après la lecture de la liste des excommuniés – « une foule de gens, entre autres les huguenots », il assiste aux spectaculaires démonstrations de piété des flagellants. Avec son scepticisme habituel !*

Ces jours on montre la Véronique qui est un visage ouvrageux et de couleur sombre et obscure, dans un carré comme un grand miroir ; on le montre avec grande cérémonie du haut d'un pupitre qui a cinq ou six pas de large. Le prêtre qui le tient a les mains revêtues de gants rouges, et il y a deux ou trois prêtres qui le soutiennent. Il n'existe pas plus grande révérence, le peuple prosterné à terre, la plupart les larmes aux yeux, avec ces cris de commisération. Voyant cette figure, une femme, qu'on disait être *spiritata,* tempêtait, criait, tendait et tordait les bras.

Ces prêtres, se promenant autour de ce pupitre, la présentent au peuple, tantôt ici, tantôt là; et à chaque mouvement, ceux à qui on la présente s'écrient. On y montre aussi en même temps et même cérémonie, le fer de lance dans une bouteille de cristal. Plusieurs fois ce jour se fait cette montre, avec une assemblée de peuple si infinie que jusque bien loin au dehors de l'église, autant que la vue peut arriver à ce pupitre, c'est une extrême presse d'hommes et de femmes; c'est une vraie cour papale; la pompe de Rome et sa principale grandeur est en apparence de dévotion. Il fait beau voir l'ardeur d'un peuple si infini à la religion ces jours-là; ils ont cent confréries et plus, et n'est guère homme de qualité qui ne soit attaché à quelqu'une; il n'y en a aucune pour les étrangers. Nos rois sont de celles du Gonfalon. Ces sociétés particulières ont plusieurs actes de communication religieuse, qui s'exercent principalement le carême; mais ce jour-ci ils se promènent en troupes, vêtus de toile; chaque compagnie à sa façon, qui blanche, rouge, bleue, verte, noire, la plupart les visages couverts : [...] marchant par ordre vers Saint Pierre, chacun portant un flambeau, et quasi tous de cire blanche [...] et au milieu des rangs une file de Pénitenciers qui se fouettent avec des cordes; de quoi il en avait cinq cents pour le moins, l'échine toute écorchée et ensanglantée d'une piteuse façon.

C'est une énigme que je n'entends pas bien encore ; mais ils sont tous meurtris et cruellement blessés, et se tourmentent et battent incessamment. [...] Tout contre moi, il y en avait un fort jeune et qui avait le visage agréable ; une jeune femme plaignait de le voir ainsi blesser. Il se tourna vers nous et lui dit en riant : *Basta, disse che fo queffo per li lui peccati, non per li miei.* Non seulement ils ne montrent nulle détresse ou force à cette action ; mais ils le font avec allégresse, ou pour le moins avec telle nonchalance que vous les voyez s'entretenir d'autres choses, rire, criailler en la rue, courir, sauter, comme il se fait à une si grande presse où les rangs se troublent.

Journal de voyage en Italie
par la Suisse et l'Allemagne en 1580 et 1581

La Rome antique ne l'absorbe guère – on est encore loin du culte des ruines qui prévaudra plus tard – ; en revanche Montaigne flâne et musarde. Il rencontre les Français installés à Rome, qui le saluent dans sa langue, visite la librairie du Vatican, part en excursion à Ostie ou à Tivoli, explore les jardins et les églises. Il aime aussi observer les gracieuses toilettes des femmes romaines, s'arrête à l'occasion sur les usages amoureux. Assidu aux cérémonies de Saint-Pierre de Rome, il voit le pape Grégoire XIII comme un doux vieillard, il guette ses apparitions publiques, et commente tous les rites avec un luxe de détails. Un vrai manuel d'initiation aux us et coutumes de la Curie. Se laissant peu à peu « romaniser », Montaigne sera très fier de recevoir le titre de « citoyen romain ».

FEDERICO ZERI

L'empreinte de Laurent le Magnifique dans la décoration de la Sixtine

Pour les artistes du XVIe siècle, la décoration de la chapelle Sixtine fut un enjeu artistique considérable qui a aussi fait l'objet de manœuvres politiques. Selon Federico Zeri, Laurent de Médicis lui-même aurait imposé des artistes florentins à la place des peintres d'Ombrie d'abord sollicités. Au-delà de l'empreinte artistique à proprement parler, Laurent de Médicis réussit à établir sa famille sur le trône papal. Après sa mort, en 1492, deux papes furent des Médicis : Léon X, un fils de Laurent, et Clément VII, petit-fils de son frère Julien.

L'exemple le plus important de camouflage d'artistes s'est produit dans la chapelle Sixtine. Quand Sixte IV décida de faire décorer la chapelle pontificale reconstruite par lui dans les palais du Vatican, il en confia la charge au Pérugin. Le Pérugin réalisa non seulement le dessus d'autel à fresque qui représente l'Assomption de la Vierge en présence des Apôtres, mais également, sur le mur de droite, le début du cycle christologique avec la *Naissance du Christ*, et, sur le mur de gauche, celui du cycle mosaïque avec *Moïse retrouvé*. Ces œuvres ont aujourd'hui totalement disparu, détruites par Michel-Ange pour laisser la place à son *Jugement dernier*. Le Pérugin appela auprès de lui des artistes de son pays : Pinturicchio, Andrea d'Assisi, un certain Rocco Zoppo, Piermatteo da Amalia. Dans les premières œuvres exécutées par ces peintres, c'est-à-dire jusqu'à un certain point du cycle christologique et du cycle mosaïque, il est très difficile de distinguer les peintres à l'œuvre, parce que tous cherchent à s'adapter à un dénominateur commun minimum sur le plan formel. Tous cherchent à peindre de la même manière. Dans un second temps seulement, le groupe d'Ombrie fut remplacé par un groupe de Florentins : Ghirlandaio, Botticelli, Cosimo Rosselli, Biagio di Antonio. Nous n'en connaissons pas le motif, mais il n'est pas à exclure – ce n'est qu'une hypothèse – qu'il y ait eu des pressions politiques. Laurent le Magnifique avait probablement compris l'importance de la décoration de la chapelle Sixtine, et il a, en conséquence, voulu que les artistes florentins participent à l'entreprise. Laurent le Magnifique se servait des artistes de Florence pour établir une sorte d'hégémonie culturelle florentine. On explique ainsi l'envoi de Verrocchio à Venise, et de Léonard de Vinci à Milan. Même la ville de Faenza, sous la dynastie des Manfredi, avait été initiée à la culture picturale par Laurent le Magnifique, lequel y envoya Biagio di Antonio, un des peintres florentins qui, justement, avaient travaillé à la chapelle Sixtine. À Naples, cette hégémonie n'avait pas été possible. Laurent le Magnifique avait envoyé des cadeaux, mais la situation était trop tendue pour envoyer des artistes. Il est donc probable que la fin de la prédominance ombrienne sur la chapelle Sixtine a été due à l'intervention de Laurent le Magnifique.

Derrière l'image,
traduit de l'italien par Jean Rony
© Éditions Rivages, 1988

Ce texte est extrait d'une série de conversations que Zeri donna en 1985 à l'université catholique du Sacré-Cœur de Milan. Federico Zeri pose en préambule que « la lecture des œuvres d'art est en Italie un exercice ardu, pour ne pas dire dangereux, dans un pays où chacun croit savoir quelque chose en matière de peinture et donne donc son avis ». Ce puits de science décrète « qu'on ne peut lire une œuvre d'art sans une grande éducation socioculturelle ». Lui-même se forma en travaillant auprès de Berenson, historien d'art américain établi à Florence[1] et fondateur de la villa qui porte son nom.

1. Voir *Le goût de Florence,* collection « Le Petit Mercure », Mercure de France.

MICHEL-ANGE

Tribulations financières autour de la voûte de la Sixtine

Quant à la décoration de la chapelle Sixtine, voici le point de vue de l'artiste lui-même. Dans son abondante correspondance, Michel-Ange évoque ses rencontres, ses options intellectuelles et esthétiques mais aussi les nombreux problèmes matériels quotidiens. La difficulté à se faire payer est le lot ordinaire des artistes. Même pour Michel-Ange, même avec un pape. En 1504, Jules II avait fait revenir à Rome le brillant sculpteur – qui avait déjà réalisé la Pietà *(à vingt et un ans !) et le* David *à Florence pour lui confier l'érection de son tombeau. Malgré tous les efforts de Michel-Ange, le temps et l'argent investi, l'ouvrage ne vit jamais le jour. Dans l'intervalle, Jules II lui avait commandé le plafond de la Sixtine et sa statue en bronze. Les conflits entre l'artiste et le pape, deux caractères ombrageux, furent d'une telle violence qu'ils sont entrés dans la légende. Démonstration.*

Messire Giovan Francesco, vous me demandez dans une de vos lettres où en sont mes travaux pour le pape Jules ; et moi je vous dis que, si je pouvais demander qu'on établisse les dommages et les intérêts, je crois que j'aurais plus à recevoir qu'à donner.

[...]

Lorsque j'eus placé la statue sur la façade de San Petronio et que je fus revenu à Rome, le pape Jules ne voulut toujours pas que je fasse le tombeau ; il me chargea de peindre la voûte de Sixte et le marché fut conclu entre nous pour trois mille ducats ; le premier projet de cette œuvre était de faire les douze Apôtres dans les lunettes et, pour le reste, de remplir le champ d'ornements, comme on fait d'habitude. Puis, quand cette œuvre fut commencée, il me sembla que cela donnerait un bien pauvre résultat, et je dis au pape que, si je faisais seulement les Apôtres, il me semblait que cela donnerait un bien pauvre résultat. Il me demanda pourquoi ; je lui dis : « Parce qu'eux aussi étaient pauvres. » Alors il me passa une nouvelle commande, en me disant que je pouvais faire ce que je voulais, qu'il me contenterait, et que je devais peindre jusqu'aux Histoires d'en dessous. Pendant ce temps, la voûte étant presque finie, le pape retourna à Bologne, et c'est pourquoi j'y allai deux fois pour l'argent que je devais recevoir ; je ne fis rien et je perdis tout mon temps, jusqu'à ce qu'il fût revenu à Rome. Quand il fut revenu à Rome, je me mis à faire des cartons pour cette œuvre, c'est-à-dire pour les têtes et les figures des côtés de la chapelle de Sixte ; malgré mon espoir d'avoir l'argent et de finir l'œuvre, je ne pus jamais rien obtenir ; mais un jour, comme je me plaignais devant messire Bernardo da Bibbiena et devant Atalante, en leur disant qu'il m'était impossible de rester plus longtemps à Rome et qu'il me fallait aller à la grâce de Dieu, messire Bernardo dit à Atalante de lui rappeler qu'il avait l'intention de me faire avoir de l'argent par n'importe quel moyen ; il me fit verser par le Trésor pontifical deux mille ducats et, avec les premiers mille des marbres, ils les mettent sur mon compte pour le tombeau ; mais j'estimais devoir en recevoir davantage pour le temps perdu et pour les œuvres exécutées. Et comme messire Bernardo et Atalante m'avaient fait revenir à la vie, sur cet argent je donnai à l'un cent ducats et à l'autre, cinquante.

Lettre à Giovan Francesco Fattucci,
fin décembre 1523,
in *Lettres choisies,*
traduit de l'italien par Luc Hersant
© Éditions Ombres, 1999

Plus de dix ans après les faits, la colère de Michel-Ange contre Jules II est toujours vivace. Le pape est mort en 1513, avec sa chapelle et sa statue, mais sans le tombeau imaginé de son vivant – les marbres de Carrare que Michel-Ange avait commandés sont restés un an à l'abandon sur la place Saint-Pierre, jusqu'à l'élection du pape Léon X ! En 1512, après avoir achevé la Sixtine, l'artiste florentin était aussitôt reparti pour sa ville. Pour longtemps ! C'est là qu'à la demande de Clément VII il réalisa notamment la bibliothèque des Médicis, ainsi que leur chapelle avec les tombeaux de Laurent et de Julien, (les sculptures du Jour et de la Nuit, de l'Aube et du Crépuscule). Il sculpta également le *Moïse* (aujourd'hui dans l'église San Pietro in Vincoli à Rome) et les deux *Esclaves* (au Louvre). En 1534, Michel-Ange revint cependant à Rome, et y séjourna jusqu'à sa mort (en 1564, à la veille de ses 90 ans) achevant d'entrer dans la gloire universelle. À l'invitation du pape Paul III, après ses grandes œuvres d'architecte (la coupole de Saint-Pierre et le nouveau dessin de la place du Capitole), il compose les immenses fresques du *Jugement dernier* dans la chapelle Sixtine, qui ouvrent la voie au grand style monumental baroque.

STENDHAL

Le *Jugement dernier* de Michel-Ange, éternel désespoir des peintres

Dans ses Promenades dans Rome, *Stendhal consacre un chapitre à la vie de Michel-Ange. Ce « caractère simple et fougueux » qui « parmi les modernes invente l'idéal » avait tout pour plaire à l'écrivain. On apprend que Michelangelo Buonarroti naît dans une famille fort noble et fort pauvre, et que « son père vit avec effroi son goût décidé pour le dessin », refusant que son fils devienne « un tailleur de pierres », bien que son talent ait été remarqué par Laurent de Médicis ; qu'il fut cependant reçu en son palais, admis à sa table où il rencontra tous les grands seigneurs d'Italie. À la mort de Laurent, Michel-Ange vint à Rome et réalisa le groupe de la* Pietà, *ce qui l'introduit auprès de la papauté… La diversité de sa création subjugue. D'après Stendhal, des ennemis de Michel-Ange suggérèrent à Jules II la commande du plafond de la Sixtine à ce sculpteur car il fallait peindre* a fresco, *une tout autre technique : « Michel-Ange fut au désespoir, écrit-il. Quoi donc ! Changer de talent au milieu de sa carrière ! » Contraint d'obéir, « il acheva son travail en vingt mois. Il avait 37 ans », conclut Stendhal laconique, mais ébloui. Emporté par le spectacle du* Jugement dernier, *dont il décrit, systématiquement, chacun des onze groupes.*

Jamais aucun peintre n'a rien fait de semblable, et jamais il ne fut de spectacle plus horrible. Ce sont les malheureux condamnés entraînés au supplice par les démons. Michel-Ange a traduit en peinture les affreuses images que l'éloquence brûlante de Savonarole avait jadis gravées dans son âme. Il a choisi un exemple de chacun des péchés capitaux. Daniel de Volterra fut chargé, par la suite, de masquer en partie l'horrible punition du vice le plus à droite, contre la bordure du tableau.

Un des damnés semble avoir voulu s'échapper. Deux démons l'entraînent en enfer, et il est tourmenté par un énorme serpent; il se tient la tête. C'est l'image la plus vraie du désespoir chez un homme énergique. La civilisation plus avancée du XIXe siècle, nous donnerait une image plus laide du désespoir en la plaçant chez un être auquel tout manque, même l'énergie.

C'est ordinairement par cette figure de damné que les voyageurs commencent à comprendre le jugement dernier. Il n'y a pas la moindre idée de cela ni chez les Grecs, ni parmi les modernes. Une de nos compagnes de voyage a eu l'imagination obsédée pendant huit jours par le souvenir de cette figure.

Il est inutile de parler du mérite de l'exécution; nous sommes séparés par l'immensité de cette perfection vulgaire. Le corps humain, présenté sous les *raccourcis* et dans les positions les plus étranges, est là pour l'éternel désespoir des peintres.

Par un mélange étrange du sacré et du profane, que l'autorité du Dante a maintenu longtemps en Italie contre les attaques des convenances, Michel-Ange a supposé que les damnés, pour arriver en enfer, doivent passer par la barque de Caron. Nous assistons au débarquement; Caron, les yeux embrasés de colère, les pousse hors de sa barque à coups d'aviron. Les démons les saisissent; on remarque cette figure, dans la constriction de l'horreur, qu'un diable entraîne par une fourche recourbée qu'il lui a enfoncée dans le dos.

Minos est consulté ; c'est le portrait de messer Biagio, maître des cérémonies de Paul III, l'un des ennemis de Michel-Ange ; il indique du doigt la place que le malheureux doit occuper au milieu des flammes que l'on aperçoit dans le lointain.

Promenades dans Rome,
Vie de Michel-Ange

« Il faudrait vingt pages pour décrire cette voûte. (...) Au centre, écrit encore Stendhal, Jésus-Christ est représenté au moment où il prononce la sentence affreuse qui condamne tant de millions d'hommes à des supplices éternels. Il n'a point la beauté sublime d'un dieu... c'est un homme haineux qui a le plaisir de condamner ses ennemis. (...) Et la plus vive terreur glace tout ce qui environne Jésus-Christ ; la Madone détourne la tête, en frissonnant... À sa gauche, saint Pierre, fidèle à ce caractère timide que nous lui connaissons, montre vivement au juge terrible les clefs du ciel qu'il lui confia jadis et où il tremble de ne pas entrer »... Cette description stendhalienne, fort peu conforme à la doxa chrétienne, ne figure pas dans les guides de la chapelle Sixtine...

RAPHAËL

« L'architecture antique est noble et bien comprise »

Raffaello Sanzio vint à Rome à vingt-quatre ans, en 1508, appelé par Jules II. Il devint l'un des peintres favoris du pape, ainsi que de son successeur Léon X. Ce dernier lui confia également une mission d'architecte, selon l'acception humaniste du terme : « mesurer et relever les édifices antiques de Rome ». On avait détruit ou pillé beaucoup de monuments dans Rome. Les barbares, certes, mais aussi les papes qui firent démolir des édifices pour en récupérer les matériaux. « La nouvelle Rome, avec toute sa grandeur, ses églises, ses palais... est construite avec la chaux provenant des marbres antiques », écrit Raphaël. Un rapport accusateur, mais tout à la gloire de son auteur, adressé à Léon X en 1519. Raphaël est le premier à vouloir caractériser les styles et leur succession – un travail d'historien d'art – examinant de près les monuments, découvrant les bas-reliefs de la colonne Trajan et de la colonne Antonine, que personne n'avait vus avant lui. Et s'il écrit un véritable réquisitoire contre l'art gothique des Allemands, il commence par un éloge enthousiaste de l'Antiquité.

Il ne faut pas croire que parmi les édifices antiques les plus récents soient les moins beaux, qu'ils soient moins bien compris, ou d'un autre style. Tous avaient les mêmes qualités. Et quoique les anciens eux-mêmes aient restauré un grand nombre d'édifices (c'est ainsi que l'on édifia les thermes et les palais de Titus et l'amphithéâtre sur l'emplacement même de la maison d'or de Néron), néanmoins ces constructions offraient le même style et les mêmes caractères que les monuments antérieurs à Néron ou contemporains de la maison d'or. Et quoique les lettres, la sculpture, la peinture et presque tous les autres arts ne fissent plus depuis longtemps que décliner et qu'ils allassent se corrompant de plus en plus jusqu'à l'époque des derniers empereurs, cependant l'architecture persistait dans les bons principes et se soutenait ; on ne cessait de construire dans le même style qu'auparavant. De tous les arts ce fut elle qui périt en dernier lieu. On peut en juger par beaucoup de monuments et surtout par l'arc de Constantin. L'ordonnance en est belle et toute la partie architecturale est parfaite ; mais les sculptures qui l'ornent sont d'une extrême grossièreté et absolument dénuées d'art et de goût. Il en est tout autrement de celles qui proviennent des arcs de Trajan et d'Antonin le Pieux ; elles sont excellentes et d'un style irréprochable. On observe le même phénomène dans les thermes de Dioclétien : les sculptures contemporaines de cet empereur sont du plus mauvais style et d'une exécution grossière ; les peintures que l'on y voit n'ont rien à faire avec celles du temps de Trajan et de Titus. Et cependant l'architecture en est noble et bien comprise. »

Cité par Eugène Muntz, 1880

Tout le Vatican chante la gloire du peintre Raphaël. Avec ses élèves, il compose les scènes de l'histoire sainte dans la galerie des « Loggie » – « La Bible de Raphaël » –, puis, juste avant la chapelle Sixtine, il décore trois salles, les « Stanze », compositions allégoriques très savantes sur « le Parnasse », « Héliodore chassé du temple », « le triomphe de l'Église » et, surtout, « l'École d'Athènes », hymne à la philosophie antique, dominée par les deux figures de Platon et d'Aristote : des représentations qui réalisent, dans la plus grande harmonie, la fusion de l'antiquité païenne et chrétienne caractéristique de la Renaissance italienne.

YVES BONNEFOY

« L'art du Bernin, mouvement recommencé de la foi »

Yves Bonnefoy explique que Rome, au contraire de Florence ou Venise à certaines périodes, n'a jamais été un monde plus ou moins clos. D'un bout à l'autre de son histoire, elle fut un carrefour. Il est donc révélateur de s'arrêter à un moment bien précis de l'histoire pour considérer les forces en présence... Pourquoi Yves Bonnefoy a-t-il choisi la date de 1630 pour étudier l'art romain du XVII*e siècle ? C'est l'année où le Bernin installe son baldaquin dans Saint-Pierre de Rome – moment fondateur de l'art baroque. C'est aussi l'année où Poussin dédaigne les grandes commandes pour travailler seulement pour lui, comme le feront les artistes modernes. C'est encore l'époque où s'achève le caravagisme, l'année où Vélasquez, de passage à Rome, peint des vues de jardin dignes d'un futur Corot, où Claude Lorrain imagine ses ports au soleil couchant et que « déjà Borromini, peignant une certaine fenêtre, donne à pressentir une architecture aussi nocturne et onirique que sera la musique de Mozart ». Soit la coexistence de différentes tensions artistiques et, dans la cité d'Urbain VIII, « un premier grand moment de différenciation, de synthèse ».*

Ainsi, l'art du Bernin, s'il faut le dire d'un mot, c'est *le mouvement recommencé de la foi*, après que la Renaissance eut si dangereusement pour cette dernière poursuivi une connaissance dans les pièges de l'extériorité, après encore les doutes, les remords, les paniques du maniérisme, et les leçons si dures de Caravage sur le néant de l'objet. C'est ce dernier, d'ailleurs, qui fut du Baldaquin une des causes profondes, puisqu'il a montré le désert de la vision extérieure – et l'on voit que Bernin n'est pas sans être explicable par le plus proche passé. Je le rappelais tout à l'heure : de Copernic à Galilée puis Kepler, la *forme* du cosmos ne change pas tellement, elle pourrait en soi toujours passer pour classique, autant que le modèle de Ptolémée. Mais quand il apparaît qu'il faut renoncer aux cieux sans corruption ni génération, et accepter partout les imperfections d'une matière, et la pénétration de sa nuit dans la structure cosmique, il se découvre aussi que la forme n'est qu'un aspect de ce qui est, rien de plus, d'où le désarroi de certains, mais aussi, et soudain, pour d'autres, un espoir, une liberté. Est-ce, en effet, cette dislocation du statut privilégié de la forme, une aggravation de l'exil ou plutôt ce qui va lui mettre fin ? Et dans un mouvement de pensée tout aussi religieux que l'ascèse contraire de Pascal, ne peut-on ressentir cette « catastrophe » comme un dégel, dans les profondeurs mouvantes duquel va s'accomplir enfin une vraie approche de l'être ? L'apparence figée en une figure idolâtrée fut notre péché et (comme le disait Hamlet) notre geôle. Plutôt faut-il concevoir que les façons en sont aussi relatives et innombrables que les sections du cône, ce nouveau problème des géomètres. On notera que Desargues (1593-1662) est le contemporain de Bernin ; et que son *Traité de la section perspective* fut élaboré dans les années même où le Baldaquin s'éleva.

Et, d'une autre façon encore : Bernin a retrouvé les clefs du *hic et nunc,* de l'expérience de rédemption promise, ici, maintenant, à la personne, absolue, unique :

ce que le monde grec n'avait pas et qu'avait méconnu la Renaissance italienne.

Rome, 1630, L'horizon du premier baroque,
Coll. « Idées et Recherches »
© Éditions Flammarion, 1994

Amateur d'art et de lecture des signes, le poète Yves Bonnefoy s'est consacré très tôt à l'analyse critique des œuvres. *Rome, 1630* a fait date, ainsi que sa biographie *Alberto Giacometti, biographie d'une œuvre*. L'Italie tient aussi une place importante dans ses itinéraires poétiques (*Un rêve fait à Mantoue*), ainsi que la poésie anglaise – il a traduit Yeats et Shakespeare. Esprit libre, Yves Bonnefoy a été invité à enseigner dans plusieurs universités américaines et européennes. Il a tenu la chaire d'études comparées de la fonction poétique au Collège de France.

HIPPOLYTE TAINE

L'angoisse voluptueuse de la sainte Thérèse du Bernin

Professeur à l'école des Beaux-Arts, Taine a voyagé en Angleterre, en Allemagne et surtout en Italie, où il a séjourné près de deux ans en 1864-65. Il souhaitait vérifier sa grande thèse positiviste sur la liaison entre la race, le milieu et le moment. Un travail didactique et laborieux chamboulé par le choc provoqué par la découverte des villes et des œuvres d'art de la péninsule. On lui doit l'une des plus belles évocations de Venise et sa description des fouilles de Naples laisse rêveur. À Rome, il s'arrête devant l'un des chefs-d'œuvre du Bernin, la sainte Thérèse en extase, *dans l'église Santa Maria della Vittoria.*

Nous sommes revenus par Santa Maria della Vittoria pour voir la sainte Thérèse du Bernin. Elle est adorable : couchée, évanouie d'amour, les mains, les pieds nus pendants, les yeux demi-clos, elle s'est laissée tomber de bonheur et d'extase. Son visage est maigri, mais combien noble ! C'est la vraie grande dame qui a séché « dans les feux, dans les larmes », en attendant celui qu'elle aime. Jusqu'aux draperies tortillées, jusqu'à l'alanguissement des mains défaillantes, jusqu'au soupir qui meurt sur ses lèvres entrouvertes, il n'y a rien en elle ni autour d'elle qui n'exprime l'angoisse voluptueuse et le divin élancement de son transport. On ne peut pas rendre avec des mots une attitude si enivrée et si touchante. Renversée sur le dos, elle pâme, tout son être se dissout ; le moment poignant arrive, elle gémit ; c'est son dernier gémissement, la sensation est trop forte. L'ange cependant, un jeune page de quatorze ans, en légère tunique, la poitrine découverte jusqu'au dessous du sein, arrive gracieux, aimable ; c'est le plus joli page du grand seigneur qui vient faire le bonheur d'une vassale trop tendre. Un sourire demi-complaisant, demi-malin, creuse des fossettes dans ses fraîches joues luisantes ; sa flèche d'or à la main indique le tressaillement délicieux et terrible dont il va secouer tous les nerfs de ce corps charmant, ardent, qui s'étale devant sa main. On n'a jamais fait de roman si séduisant et si tendre. Ce Bernin, qui me semblait si ridicule à Saint-Pierre, a trouvé ici la sculpture moderne, toute fondée sur l'expression, et, pour achever, il a disposé le jour de manière à verser sur ce délicat visage pâle une illumination qui semble celle de la flamme intérieure, en sorte qu'à travers le marbre transfiguré qui palpite, on voit luire comme une lampe l'âme inondée de félicité et de ravissement.

Voyage en Italie, 1866

JEAN-NOËL VUARNET

« Elle jouit, ça ne fait pas de doute »

Le groupe sculpté du Bernin a fait couler beaucoup d'encre. Nous sommes au XVIIe siècle, au cœur de la période baroque, toute à la vocation assignée par la Contre Réforme à partir du Concile de Trente : insuffler un nouvel élan vers l'Église, attirer, séduire, flatter. Contre l'épuration iconographique des Réformés, il s'agit de montrer la force de vie, le mystère de l'incarnation et la « voluptas » de l'amour, fût-il divin. Les plus grands artistes sont sollicités. Le Bernin ose : au cœur des églises, il sculpte des femmes grandeur nature, dans l'abandon d'une transe extatique. Mystique, mais avec toutes les apparences de la volupté charnelle ; aucun visiteur ne s'y trompe. Ici la sainte Thérèse. À San Francesco a Ripa, la Ludovica Albertone. Dans l'un de ses séminaires, Jacques Lacan interprète le baroque comme « une exhibition de corps évoquant la jouissance – à la copulation près. C'est la régulation de l'âme par la scopie corporelle ».

Les représentations baroques, « *tout ce qui s'accroche aux murs, tout ce qui croule, tout ce qui délice, tout ce qui délire* », sont des « *représentations* martyres (martyr veut dire témoin) – *d'une souffrance* plus ou moins pure ». C'est dans ce plus ou moins de pureté qu'existe la singularité de sainte Thérèse et de la plupart des « *jaculations mystiques* » de l'extase féminine, ce qui sépare et rejoint Thérèse et Juliette et fait que, sœurs, elles ne sont nullement interchangeables. Pourtant, si Juliette est loin de Thérèse, elle est beaucoup moins loin de la Thérèse du Bernin. Si cette Thérèse intéressait tant

Sade, c'est qu'elle est, plus que représentation « martyre », représentation délictueuse : représentation-délice, mais représentation-délit : représentation du délit de la sainte comme du délit du sculpteur qui la rêve et la montre ainsi, dans les plis.

[...]

Si le divin est convoqué sur le divan, c'est bien à une femme qu'il rend visite, une femme qui, comme Thérèse, s'en trouve toute retournée « *dans les volutes figées du marbre* ». Qu'elle jouisse peut nous éclairer sur la mystique, nous en dire long. Inversement, c'est à penser qu'elle est une mystique qu'on peut aussi éclairer peut-être quelque chose comme une face cachée de la jouissance féminine.

[...]

C'est peut-être un *plus de jouir* qu'il s'agirait de penser, un supplément très différent d'un simple accueil sexuel : « *Je crois à la jouissance de la femme en tant qu'elle est en plus* », dit encore Lacan. Un type de jouissance dont Juliette [*de Sade*] peut donner l'idée, mais que Thérèse excède. Sans entrer dans des considérations mettant en jeu la théorie psychanalytique, on peut s'aider de Lacan pour donner à l'extase féminine et à sa représentation un statut problématique :

« Vous n'avez qu'à aller à Rome regarder la statue du Bernin pour comprendre tout de suite qu'elle jouit, ça ne fait pas de doute. Et de quoi jouit-elle ? Il est clair que le témoignage essentiel des mystiques, c'est justement de dire qu'ils l'éprouvent, mais n'en savent rien. »

Jouissance échappant au savoir de qui l'éprouve et de qui le contemple (incompréhensible, par exemple, aux spectateurs-donateurs que le Bernin a placés comme dans une loge de théâtre de part et d'autre de l'extatique). Jouissance inconnue : *« Même le démon ne peut pénétrer dans cette demeure mystérieuse, ni savoir en quoi consiste cet embrasement divin »*, écrit saint Jean de la Croix, premier spectateur des folies de Thérèse. Embrasement ou embrassement mystérieux, qui introduit à ce qui, non seulement dans la mystique féminine, mais peut-être dans la jouissance féminine elle-même, est autre chose, malgré la flèche de l'ange et son sourire voyou, qu'une *« affaire de foutre »*.

Extases féminines
© Hatier, 1991

Cette étude savante et raffinée des *Extases féminines*, d'abord publiée chez Arthaud en 1980, a imposé Jean-Noël Vuarnet comme écrivain, lui-même « philosophe-artiste » éclairant de séduisantes lumières. Il publia aussi *Le Dieu des femmes* (L'Herne), *Le joli temps. Philosophes et artistes sous la Régence* (Hatier, collection « Brèves ») ou encore *L'Aigle Mère* (Gallimard, collection « Haute enfance »). Nourri de culture italienne et de volutes baroques depuis un séjour à la villa Médicis, au temps de Balthus puis de Jean Leymarie, il n'a cessé de vouloir déchiffrer les signes et le mystère de la création esthétique.

GÉRARD MACÉ

« Borromini, le génie le plus étrange de la Rome baroque »

Associé et opposé pour toujours à son grand rival le Bernin, Borromini est l'un des plus grands architectes de Rome. Homme du Nord, aussi secret et sauvage que Bernin put être sociable, théâtral et bien en cour. À quelques mois près, le même âge. Le Bernin croule sous les honneurs jusqu'à un âge avancé (il meurt en 1680, à 82 ans). Borromini finira par se donner la mort, en 1667, à 68 ans. À eux deux pourtant, ils ont inventé les monuments les plus remarquables de la Rome baroque. Parfois en vis-à-vis. Comme sur la piazza Navona : Borromini réalise la façade concave de l'église San Agnese in Agone ; en face, le Bernin sculpte la fontaine des Quatre Fleuves. Et les Romains de dauber sur leur éternelle rivalité. Borromini invente une architecture dont la hardiesse laisse pantois : San Carlo alle Quattro Fontane, San Ivo alla Sapienza et son incroyable lanterne hélicoïdale, ou encore la perspective en trompe-l'œil du Palazzo Spada.

Borromini est le génie le plus étrange de la Rome baroque, il en est aussi le mieux caché. Un visiteur non prévenu, ou peu curieux, pourrait repartir sans avoir rien vu de lui.

[...]

Dissimulée, l'une des créations les plus curieuses de Borromini : le trompe-l'œil architectural, l'illusion de perspective qu'on peut voir, de la cour du Palais Spada, à travers la porte double et vitrée d'une bibliothèque : de l'autre côté des livres, l'espace s'agrandit, grâce aux lignes de fuite accentuées volontairement : quelques mètres d'une galerie, au bout d'un étroit *cortile*, paraissent démesurément longs, comme paraît beaucoup plus grande qu'elle n'est en réalité la statue qui est au fond. Quant aux escaliers, ce sont des chefs-d'œuvre secrets : celui du Palais Spada, qui s'enroule autour de quatre piliers séparés ; celui du Palais Carpegna, plan incliné en spirale (annonçant le Musée Guggenheim de F. Lloyd Wright) ; celui du Palais Barberini, deux courbes qui, par deux portes semblant déboucher sur le ciel, mènent à un rez-de-chaussée surélevé ; enfin, le plus admirable, celui de S. Carlino : fragile et contourné, oreille et coquillage, il mène à une crypte où l'on se demande s'il faut adorer Dieu ou les mathématiques.

De l'architecture borrominienne, le seul signe vraiment visible, et prêt à changer de sens suivant la lumière, c'est la lanterne de S. Ivo, qui domine en esprit, une fois qu'on l'a vue, tout le ciel de Rome : rappel évident de l'iconographie de Babel (à partir des descriptions d'Hérodote et des gravures représentant les ziggourats babyloniennes) elle nous dit à ce propos que si l'architecture est un langage, il n'a rien à voir, chez Borromini, avec aucune langue vulgaire ou vivante, mais plutôt avec cette langue dont parlera Lord Chandos dans la lettre fameuse d'Hofmannsthal : « une langue dont pas un seul mot ne m'est connu, une langue dans laquelle les choses muettes me parlent, et dans laquelle peut-être je me justifierai un jour dans ma tombe devant un juge inconnu. »

Rome ou le firmament

© Éditions Fata Morgana

Cet extrait devrait inciter à lire le texte complet de Gérard Macé. Pour son style, lapidaire et poétique ; pour la rare compréhension de l'esprit de la ville, loin des clichés. Pour en savoir plus encore sur le génie de Borromini à Rome, on lira les études de l'architecte Paolo Portoghesi (qui parle si bien de l'esprit du baroque et qui a aussi construit récemment la mosquée de Rome).

DAF MARQUIS DE SADE

« La sainte Cécile de Maderno, belle fleur moissonnée »

La relation du voyage que le marquis de Sade entreprend en Italie en 1775 constitue un ouvrage de référence. Rien ne lui échappe : ni l'histoire du pays, qu'il narre en détail, ni les mœurs à la cour et à la ville, qu'il observe sans préjugés[1]*, ni la beauté de l'architecture ou des œuvres qu'il sait apprécier. Le voici transporté d'émotion devant l'une des plus belles sculptures de la Rome baroque, réalisée par Maderno pour l'église Sainte-Cécile, dans le quartier du Trastevere (non loin de la Ludovica Albertone du Bernin). La fragilité même de cette fleur coupée dans sa première jeunesse le bouleverse.*

C'est une belle fleur moissonnée presque en naissant. Cécile fut mariée fort jeune et ce fut dans les premiers temps de son mariage qu'elle fut assassinée dans son bain. Les marques de ses blessures s'aperçoivent sur son beau col tout découvert. On y voit les trois coups d'épée dont elle fut frappée. Le sang en sort et la manière dans laquelle elle tomba sans doute en expirant de cette mort violente est celle où l'artiste l'a saisie. Il est au moins bien sûr qu'elle est prise comme elle fut trouvée dans les catacombes de Saint-Sébastien. La même chemise qu'elle avait dans son bain est celle qui la couvre ; la finesse de la draperie qu'elle forme et la manière savante

1. Voir *Le goût de Naples*, collection « Le Petit Mercure », Mercure de France, 2002

dont elle laisse apercevoir les contours est une chose vraiment sublime. Cécile était petite mais délicate et faite à peindre. L'artiste a conservé toutes les grâces de son modèle et la mort qui la glace semble, s'il est possible, ne la rendre encore que plus intéressante. Sa tête entourée d'un simple mouchoir est tournée vers la terre dans une attitude un peu forcée, mais on y reconnaît l'extension de la dernière angoisse. Ses mains délicates sont étendues et quelques-uns de ses doigts recroquevillés comme par l'effet d'une agonie forte et subite. C'est un cadavre jeté là, mais on respire encore toute la délicatesse et tout le svelte d'une jeune personne de dix-sept ou dix-huit ans et aussi intéressante que jolie. Il règne une vérité si frappante dans ce morceau divin qu'on ne peut le voir sans être ému. Je crois qu'une telle représentation aperçue par quelqu'un qui aurait pris quelque vif intérêt au malheureux modèle qui aurait éprouvé le même sort, serait faite pour produire peut-être une impression plus forte encore que le cadavre même. L'effet pourrait en être dangereux.

Voyage d'Italie

L'émotion du divin marquis s'est avérée contagieuse. Dans sa passion pour le baroque et ses déambulations italiennes, Dominique Fernandez s'est arrêté devant la sculpture. Et de raconter, dans son *Banquet des anges* (Plon, 1984), la véritable histoire de la sainte. Cécile était la fille de patriciens romains, que ses parents donnèrent en mariage, alors qu'elle s'était convertie au christianisme et avait fait vœu de chasteté. Le soir des noces, elle serait entrée chez son mari en chantant. Ce qui fit d'elle, à partir du XVe siècle, la patronne de la musique et du chant

(Accademia santa Cecilia). Sa conversion découverte, elle fut condamnée à périr étouffée dans les vapeurs d'une étuve mais, protégée par un ange, elle sortit indemne du supplice. On lui trancha alors la tête, mais le bourreau ne réussit pas davantage et Cécile agonisa pendant plusieurs jours. D'où sans doute la représentation de la jeune fille martyre, visage détourné, nuque offerte, montrant à tous la marque de son martyre.

CASANOVA

Mariuccia, la belle Romaine

On considère souvent les Mémoires *de Casanova comme une encyclopédie de l'esprit du* XVIIIe *siècle. Blaise Cendrars érigea Casanova en modèle, « un éducateur incomparable de la jeunesse qui aimera toujours la vie et l'amour, les femmes et le vin, les aventures et la réussite, l'insubordination et le jeu, les sociétés ou l'on s'encanaille et le monde, les affaires d'honneur qui comportent un grain de folie… un corps bien exercé et la façon de s'en servir avec esprit, sinon avec scrupules… Casanova a toujours couru sa chance et il continue ». À Rome, le grand séducteur tombe sous le charme d'une jeune femme, fort belle, mais que sa pauvreté a jusque-là tenue à l'écart de tout connaisseur. En matière de « connaisseur », la jeune Mariuccia ne pouvait pas mieux tomber ! Elle espère qu'il la tirera de la misère.*

Le maintien de Mariuccia m'enflamma. Ne pouvant que lui serrer la main, elle ne put me répondre que me la resserrant ; mais je n'ai pas eu besoin d'un langage plus clair pour être sûr qu'elle m'aimait. Descendant l'escalier avec elle, je lui ai demandé si je ne pourrais pas lui parler dans quelque église ; elle me répondit d'aller le lendemain à huit heures à La Trinité de Monti.

Mariuccia, à l'âge de dix-sept à dix-huit ans, était grande, se tenait très bien, et paraissait faite aux ciseaux de Praxitèle. Elle était blanche, mais sa blancheur n'était pas celle d'une blonde, qui éblouissante et sans nuance fait presque croire qu'elle n'a pas de sang dans ses veines. La blancheur de Mariuccia était si animée qu'elle offrait aux yeux un incarnat qu'aucun peintre n'aurait jamais su attraper. Ses yeux noirs, très fendus et à fleur de tête, et toujours remuants avaient sur leur superficie une rosée qui paraissait un vernis du plus fin émail. Cette rosée imperceptible que l'air dissipait très facilement reparaissait toujours plus fraîche au rapide clignotement de ses cils. Ses cheveux, tous recueillis en quatre grosses tresses, s'unissaient à la nuque pour y former un beau globe; ils jetaient dehors, sur tous les bords de la belle chevelure, pour orner les confins de son front spacieux, par-ci par-là, des petites boucles crépues où on ne voyait ni art, ni ordre, ni étude. Les roses vivantes animaient ses joues, et le doux rire habitait sur sa belle bouche et sur ses lèvres de feu, qui ni bien jointes, ni bien séparées ne laissaient voir dans une ligne très droite que l'extrémité de ses blancs râteliers. Ses mains, sur lesquelles on ne voyait ni muscles ni veines, paraissaient longues en proportion de leur largeur. Cette beauté à Rome n'était pas encore tombée, sous les yeux d'un connaisseur; ce fut à moi que le hasard la présenta dans une rue de nul passage où elle vivait dans l'obscurité de la pauvreté.

Je n'ai pas manqué le lendemain, de me trouver à huit heures dans l'église indiquée.

Histoire de ma vie, volume VII

HENRI MARÉCHAL

« La villa Médicis, terre de Chanaan des futurs artistes »

C'est en 1803 que la villa Médicis est devenue propriété française et siège de l'Académie de France à Rome, par suite d'un heureux échange avec le palais de Nevers, via del Corso. Construite au XVI*e siècle sur les hauteurs de la colline du Pincio, cet imposant palais possède une façade austère, alors que l'intérieur ouvre sur de magnifiques jardins. Les artistes français n'ont pas attendu la villa Médicis pour venir se former aux beautés de l'Antique. Nicolas Poussin, arrivé à Rome dès les années 1620, ne regagna Paris qu'en 1640. L'usage de la formation à Rome fut institué à partir de la création, en 1648, de l'Académie royale de peinture et de sculpture, puis d'architecture (regroupées en Académie des Beaux-Arts, après Napoléon). Subleyras, Le Lorrain, Hubert Robert, Ingres, Corot... sur leurs toiles, les peintres ont magnifié la beauté de la lumière et des couleurs romaines. L'empreinte est indélébile. Certains ne sont même jamais revenus de leur séjour romain. Tel Poussin, enterré dans l'église de san Lorenzo in Lucina, non loin de la Piazza di Spagna et de la via del Corso.*

La villa Médicis est la première grande étape de la vie d'un artiste. C'est la terre de Chanaan entrevue dès le début des études à l'École des beaux-arts ou au Conservatoire.

Le plus parisien, le plus sceptique, le plus gouailleur, ne saurait franchir ce seuil sans une larme silencieuse ; c'est le parvis sacré du sanctuaire où le néophyte reçoit le baptême ; où le silence, le calme, la méditation, l'absence enfin de tout souci matériel achèvent de l'armer pour le bon combat. S'il doit y succomber, du moins ne sera-ce jamais sans honneur, et lorsqu'il reprendra le chemin de France une voix intérieure lui dira : « Va, maintenant, et Dieu fasse le reste ! ».

Ces quelques lignes donneront à penser que la vie du pensionnaire de Rome parodie d'assez près celle des moines. – On ne se trompera pas beaucoup.

Mais ici la règle est douce ; et il n'y a pas d'exemple, depuis Colbert, que nul soit mort par excès des austérités et des macérations.

Moines laïques, extrêmement, bien entendu ; mais moines tout de même. La raison en est fort simple : outre que chacun a le souci de l'avenir et s'efforce à le rendre aussi bon que possible, en faisant une ample provision de travail, Rome n'est pas, pour l'habitant de la villa Médicis, ce qu'elle est pour un simple touriste qui, le Baedeker à la main, visite le Vatican en une heure, le Forum en vingt-cinq minutes et Saint-Pierre en quinze autres !

Elle ne se laisse pas voir au voyageur pressé ; et celui-ci, en général, n'en emporte qu'une impression aussi fausse que défavorable.

Ces vieilles pierres ne consentent à causer avec l'homme que lorsqu'il les en prie quelque temps. Il y faut un stage ; et la floraison luxuriante de la civilisation moderne qui les recouvre n'est pas pour les rendre bavardes.

Le pensionnaire a donc, d'abord, à les faire jaser. Bien des jours y passent et, la moisson faite, il en faut beaucoup d'autres encore pour dégager l'œuvre suggérée.

[...]

L'été voit déserter la villa. En caravane, ou seul, chacun transporte ses crayons – ou sa lyre ! – à Naples, à Venise, allant par le chemin des écoliers, revenant par celui des flâneurs, s'arrêtant partout, parce que, en Italie, partout il faut s'arrêter et regarder.

Rome, souvenir d'un musicien, 1904

Le musicien Henri Maréchal reçut le Grand Prix de Rome en 1870 pour sa cantate *Le jugement de Dieu*. D'où son séjour à la villa et ces impressions. Au XIXe siècle, ces récits sont essentiellement le fait des seuls compositeurs – Gounod, Bizet, Massenet, Berlioz. Contrairement aux plasticiens, ils ne peuvent pas faire voir directement l'empreinte visuelle de leur romain séjour. Un siècle plus tard, aux temps de la direction du peintre Balthus (1961-1975) – à qui l'on doit la création d'un jardin de sculptures antiques, du côté du parc de la villa Borghèse –, la villa Médicis fut ouverte à d'autres disciplines artistiques, accueillant depuis lors des écrivains, des historiens d'art, des hommes de théâtre, des cinéastes, des danseurs... L'historien d'art Jean Leymarie succéda à Balthus et à sa suite, en 1985, arriva Jean-Marie Drot, « le dernier des Médicis », réalisateur de télévision, qui fit passer sur la villa du Pincio le souffle de l'an 2000.

HECTOR BERLIOZ

« La musique populaire des *pifferari* »

Le séjour italien de Berlioz date de 1831, mais ces Mémoires *ne seront publiés qu'en 1870, un an après sa mort. Le grand compositeur a vingt-huit ans quand il reçoit le fameux Grand Prix qui le propulse vers la Ville éternelle. Mais il souffre d'un profond spleen, ce mal du* XIX*e* *siècle qui accable les écrivains et les artistes. Bien qu'il manifeste le plus grand mépris pour les rapports des Italiens avec la musique – « ils n'exécutent jamais la musique de Mozart, qui n'est pour eux qu'un jeune homme de grande espérance » ; « l'art instrumental est pour eux lettre close, ils n'ont même pas idée de ce que nous appelons une symphonie » ; « pour eux, la musique n'est que plaisir des sens, rien d'autre. Ils n'ont guère pour cette manifestation de la pensée plus de respect que pour l'art culinaire », etc. Pourtant, on ne peut nier l'éclat de sa symphonie* Harold en Italie, *composée en 1834, juste après son retour, ni l'exubérance du carnaval romain de son* Benvenuto Cellini. *Sans doute un heureux effet de ses promenades dans les Abruzzes et de son contact avec la musique populaire italienne !*

J'ai remarqué seulement à Rome une musique instrumentale populaire que je penche fort à regarder comme un reste de l'Antiquité : je veux parler des *pifferari*. On appelle ainsi des musiciens ambulants, qui, aux approches de Noël, descendent des montagnes par groupes de quatre ou cinq, et viennent, armés de musettes et de *pifferi* (espèce de hautbois), donner de pieux concerts devant les images de la madone. Ils sont, pour l'ordinaire, couverts d'amples manteaux de drap brun, portent le chapeau pointu dont se coiffent les brigands, et tout leur extérieur est empreint d'une certaine sauvagerie mystique pleine d'originalité. J'ai passé des heures entières à les contempler dans les rues de Rome, la tête légèrement penchée sur l'épaule, les yeux brillants de la foi la plus vive, fixant un regard de pieux amour sur la sainte madone, presque aussi immobiles que l'image qu'ils adoraient. La musette, secondée d'un grand *piffero* soufflant la basse, fait entendre une harmonie de deux ou trois notes, sur laquelle un *piffero* de moyenne longueur exécute la mélodie ; puis, au-dessus de tout cela, deux petits *pifferi* très courts, joués par des enfants de douze à quinze ans, tremblotent trilles et cadences, et inondent la rustique chanson d'une pluie de bizarres ornements. Après de gais et réjouissants refrains, fort longtemps répétés, une prière lente, grave, d'une onction toute patriarcale, vient dignement terminer la naïve symphonie. Cet air a été gravé dans plusieurs recueils napolitains, je m'abstiens en conséquence de le reproduire ici. De près, le son est si fort qu'on peut à peine le supporter ; mais à un certain *éloignement,* ce singulier orchestre produit un effet auquel peu de personnes restent insensibles. J'ai entendu ensuite les *pifferari* chez eux, et si je les avais trouvés si remarquables à Rome, combien l'émotion que j'en reçu fut plus vive dans les montagnes sauvages des Abruzzes, où mon humeur vagabonde m'avait conduit !

Mémoires, 1832

ADRIEN GOETZ

« Corot découvre le paysage romain »

Les peintres ont peu écrit sur leur séjour romain : l'historien d'art Adrien Goetz, spécialiste du XIXe siècle, a donc imaginé une fiction où il met en scène trois grands artistes contemporains – Ingres, Corot et Géricault – dont l'œuvre manifeste l'empreinte de la lumière et de la sensualité italiennes. Ils sont réunis à cause de l'apparition, la possession et la disparition d'un tableau fascinant, peint par Ingres lui-même, La Dormeuse de Naples, *dont tout amateur de peinture rêve de retrouver un jour l'original. Adrien Goetz fait parler ses personnages à la première personne, un tour de force littéraire qui donne le sentiment d'entrer dans la peinture. Ici, Corot débarque à Rome à vingt-neuf ans. Ce fils d'une modiste et d'un perruquier de la rue du Bac a envie de soleil. Ignorant Saint-Pierre, il part à la découverte de la campagne romaine. Il n'est pas seul. Toute l'Europe envoie ses peintres à Rome : « Nous faisions un congrès de Vienne du paysage », écrit Corot-Adrien Goetz.*

Nous apprenions à connaître ces noms de Terni, Civita Castellana, Papigno, des villes et des villages qui devenaient nos œuvres. On les avait construits exprès pour nous. Les auberges grouillaient d'artistes et de puces. Nous montions des expéditions de conquête qui duraient parfois un mois ou deux. Quand nous n'avions plus de couleurs, nous retournions en acheter à Rome avant de repartir. Je voulais saisir par l'étude tout ce qu'il y a de fugitif, les ratages, les ombres qui tournent sur les murs ; et la perspective aérienne, le sommet de l'art du paysage, car elle ne tient à rien. Faire voir que le ciel s'éloigne quand on regarde l'horizon. C'est simple à dire, mais prenez un pinceau et essayez donc. Puis, vous verrez si vous pouvez donner du relief à des nuages sans qu'ils aient l'air d'être sculptés dans le marbre de Carrare.

Je n'étais donc pas intéressé par la figure. J'étais comme un artiste mahométan à qui sa religion interdit les visages. Je m'y exerçais en secret – j'ai toujours, contrairement à Ingres et à Delacroix, été parfaitement incohérent –, comme il se doit, mais sans goût et sans exceller. Dès que j'avais raté un portrait, je m'empressais de réussir au moins sept études de paysage. Je choisissais dans la campagne les morceaux qui ne disaient rien au voyageur, aux perfides Anglais collectionneurs de « vues » pour mettre de la couleur dans leurs manoirs où même les fantômes sont gris ; on en avait assez de ces « Castatelles de Tivoli », de ces « Temple de la Minerve », et autres « Grottes du Pausilippe » ; depuis cinquante ans, on ne sortait pas de là. Il y avait même une maison au bord du Tibre que l'on appelait la fabrique du Poussin – parce que déjà le grand maître la mettait souvent dans les paysages qu'il composait. Tous s'y exerçaient, l'Italie recueillait les médiocrités de l'Europe, depuis les plus simplets des Danois et des Russes jusqu'à ce bellâtre aquarelliste de Granet qui se prenait pour un maître. Les peintres se mettaient aux mêmes endroits que leurs devanciers, sans même espérer faire mieux qu'eux. C'est que cela se vendait. Le sommet, c'était bien sûr le « paysage historique » : on faisait semblant de raconter une histoire, « Didon laissant interrompue la construction de Carthage » ou

« Psyché, Pan et l'Amour », « la continence de Scipion », « le testament d'Eudarnidas », repris vaille que vaille du Poussin, petites silhouettes en papier mâché qui occupaient le premier plan, et derrière, on assemblait une montagne prise là, des rochers copiés ailleurs, deux ou trois ciels au choix selon les heures du jour. On pouvait s'aider de manuels : cent pages d'arbres, dix pages de sources, cinquante de fabriques et de petits temples, une falaise ou un chaos de rochers pour varier un peu. Toute la science du paysage consistait à combiner au mieux ces modèles, comme on construit un décor de théâtre ; au premier plan un portant plus sombre, un plan moyen en pleine lumière, le fond dans une brume de bon aloi. Comme dans les mauvais théâtres, on n'avait pas tant de décors en magasin ; la même fontaine resservait de « Théagène et Chariclée » à « Orphée poursuivi par les femmes de Thrace ». Autant se mettre au point de croix ou à la dentelle. J'avais envie d'autre chose. Peu m'importaient les sujets. J'ai commencé par peindre la vue de ma fenêtre : des toits, des cheminées et la coupole de Saint-Pierre qui avait l'air de s'y trouver perchée par hasard.

Je n'étais pas le premier. Mais pour les autres, c'étaient les gammes, et des tableautins indignes d'être montrés. Cette vue de ma fenêtre, j'y tenais comme à la prunelle de mes yeux. Je l'ai toujours avec moi.

La Dormeuse de Naples
© Éditions Le Passage, 2004

Toujours l'éblouissement de la lumière italienne. Un jour, un ami fait découvrir à Corot la *Dormeuse de Naples*.

« Jamais un peintre n'avait osé cela », pense-t-il en voyant cette femme « plus nue que nue ». Qui était-elle ? Nul ne sait. Où est-elle ? On l'ignore ! Mystérieux tableau, peint par Ingres entre 1806 et 1824, durant son premier séjour en Italie. Grand Prix de Rome en 1801, Ingres revint à la villa Médicis pour la diriger (de 1835 à 1841). De retour à Paris, auréolé de la gloire de ses portraits, il devint le peintre officiel de Napoléon III. Quant à Adrien Goetz, journaliste à *Zurban*, son petit livre couronné par le prix des Deux-Magots lui a valu une juste notoriété.

LA ROME MODERNE

ANDRÉ SUARÈS

Le peuple romain, superbe et railleur

André Suarès s'est promené par les rues de Rome, dans l'antique quartier de Trastevere, il y a plus d'un siècle, et pourtant rien n'a changé : les Romains affichent toujours cette hauteur constante vis-à-vis de l'inconnu, qui semble dire : « Nous avons été les maîtres du monde. » Avec ce goût de la plaisanterie cinglante, du bon mot assassin, sur un ton égal, qu'incarnèrent si bien les traits satiriques lancés à toute époque, dans la lignée des épigrammes d'Horace. Certains sont même devenus des dictons, au point que tout Romain qui se respecte vous les rabâche encore : « E morto Papa Sisto, sia laudato Jesu Cristo ! – Le pape Sixte est mort, Jésus Christ soit loué ». Sur le buste tronqué du poète Pasquino du XVIe *siècle, les Romains se défoulaient en collant des libelles anonymes, devenus les « pasquinades ». Une tradition chez les poètes romains, de Belli à Trilussa, au* XXe *siècle, dont la statue marque l'entrée du Trastevere.*

À Trastevere, deux étrangers, le mari et la femme, veulent faire les aimables et caressent un jeune enfant assis sur le pas d'une porte. Le petit les regarde sans grâce. Il n'est pas flatté. Sa mère ne l'est pas davantage. Et les femmes qui travaillent avec elle, sans rire des lèvres, se moquent ouvertement des yeux. L'une répond par un « *Si Madama* », à une question de l'étrangère. Toutes les autres disent « *Madama* » à chaque instant. Madama est terriblement ironique à Trastevere. Pendant ce temps, une jeune fille remarque avec beaucoup de sérieux en patois romain, que ces étrangers feraient bien mieux de s'en aller. Ils n'admirent personne. Et elle dit le grand mot de Rome : « *Paino.* » Cela signifie : « Ils s'imaginent nous étonner, nous être agréables. Cela a de beaux habits, mais ne les a peut-être pas payés. Et je me demande s'ils ont deux sous dans la poche. »

C'est presque les mêmes mots, le même esprit de raillerie mordante et injuste que dans le peuple de Provence. Mais il y a cette différence immense : les poissonnières de Marseille ne peuvent s'empêcher de dire des yeux, du geste, de la voix, mille fois plus qu'elles ne font en paroles. La Romaine au contraire garde une gravité imperturbable. Plus elle tourne en ridicule son ennemi d'un instant, plus elle semble grave et sérieuse. C'est une vraie lutte et elle cache ses armes. Toutefois, quand l'étranger a fait vingt pas, il peut entendre un merveilleux éclat de rire ; s'il se retourne, et a compris, on rit encore ; s'il ne comprend pas, le rire redouble, et tous ces beaux visages, muets tout à l'heure, pétillent d'ironie. Quelques-unes mêmes ont une gaîté cruelle.

Les Provençaux sont des enfants vifs et spirituels, qui s'amusent de tout, rient et jouissent de la vie. Ce sont de petits Grecs qui ont perdu la force d'être beaux dans le sang latin. Près d'eux, les Romains sont une race d'hommes puissante et rude.

Rome

© Éditions Calmann-Lévy, 1998

On se croirait dans un film de Pasolini ou de Fellini… En épilogue, André Suarès rend un hommage vibrant et lyrique à la ville. « Ô Rome, ô ma ville, toi qui vis et qui dors dans la lumière […] Je t'aime parce que tu vis et oses vivre […] Tu n'es pas ce que je sais de plus digne des dieux ; mais tu es ce que j'aime. Tout en toi est humain ! »

EMILIO LUSSU

« La montée du fascisme et la marche sur Rome »

Au XXe siècle, le "Novecento" italien, Rome connaîtra de nouvelles heures noires. À la fin de la Première Guerre mondiale, en 1918, après l'humiliation de Caporetto, commence une période terrible pour l'Italie. Déjà démoralisés par la défaite, beaucoup de soldats démobilisés se retrouvent au chômage. Les conditions économiques sont désastreuses et favoriseront la prise du pouvoir par un homme à la parole forte, futur dictateur. Dans son film, La Marche sur Rome, *Dino Risi décrit parfaitement cette situation. Alors que l'Italie est dirigée par un gouvernement provisoire, Mussolini, à la tête du Parti fasciste, décide de le renverser. En marchant sur Rome. La marche est décidée le 26 octobre 1922 ; elle partira de Milan. Le 28, alors que le préfet de Rome lance un ordre d'arrestation contre Mussolini et les troupes fascistes, le Roi refuse de signer le décret d'état de siège qui aurait protégé le gouvernement. « Vive le Roi » crient les fascistes. La voie du pouvoir est libre. Mussolini le prend sans tarder.*

Le 29, Mussolini reçoit du roi, par télégramme, l'invitation à former le ministère. Il part de Milan par le train, et arrive à Rome le lendemain. Rome est en fête. Les drapeaux tricolores flottent, des cortèges se forment. Le quartier populaire de San Lorenzo ne partage pas la joie des bureaucrates. Il n'écoute pas ses chefs, il repousse les ordres du jour des partis organisés et se prépare à se défendre. Plus tard, une poignée de héros se fera tuer sur les barricades.

Les colonnes fascistes, rassurées, reprennent courage.

Elles sont encore trop loin de Rome. Il faut du temps pour qu'elles puissent arriver jusqu'à la capitale. Les plus proches sont à cent kilomètres. Le gouvernement leur envoie des vivres et des ordres de marche. Deux jours après, le 31, elles entrent dans Rome et défilent sous le Quirinal, dans un délire.

Le roi est au balcon. À ses côtés, la famille royale et Mussolini en chemise noire.

« Vive le roi ! » crient – pour l'instant – les chemises noires.

« Mais c'est donc le roi qui a fait la marche sur Rome ? » se demande le bon peuple.

Le nouveau ministère est déjà fait : un général, un amiral, et douze fascistes. Pour mettre un frein à la révolution, disent-ils, cinq démocrates, cinq démocrates catholiques et deux libéraux acceptent d'en faire partie. Le ministère reçoit une grande autorité morale de la présence de Giovanni Gentile, maître de l'idéalisme néo-hégélien, philosophe de « l'acte pur ».

Mussolini est désormais le chef de la nouvelle Italie. Les conversions commencent à pleuvoir.

[...]

Les hauts fonctionnaires de l'État libéral trouvent ce qui est arrivé tout à fait normal. Ils ne chicanent pas, ils se hâtent d'accepter le fait accompli. Est-ce que les partis d'opposition eux-mêmes ne sont pas impuissants ? Il n'y a qu'à se taire et à obéir. Seul le comte Sforza, ambassadeur d'Italie à Paris, se sent mal à l'aise et se démet de sa charge. Le fascisme le proclame aussitôt rebelle et déserteur, et le dénonce au mépris de la nation.

La nation ?

Qu'est-ce que la nation ?

L'Italie est inondée de calme. Fini le temps des désordres ! Plus de grèves, plus de pillages, plus de meurtres fratricides. L'État s'habille de neuf et se remet en marche solennellement. La loi revient de son long exil, triomphante.

Toutes les cloches sonnent à la volée : c'est la paix !

L'Italie veut maintenant se reposer.

Il faut, en effet, dormir. Que les yeux se ferment, et qu'on laisse le Destin suivre son cours.

La marche sur Rome et autres lieux,
préface de Antonio Tabucchi, postface de Paolo Romani,
traduit de l'italien
© 2002, Les Éditions du Félin en coédition avec Arte

L'écrivain sarde Emilio Lussu (1890-1975) fut l'un des grands témoins de la montée du fascisme en Italie. Au moment où Mussolini prend le pouvoir, Lussu est député. Opposant farouche, il est emprisonné et déporté aux îles Lipari[1] avec d'autres prisonniers politiques. Il réussit cependant à s'évader et se réfugie en France où il publie, en 1933 (au moment où Hitler prend le pouvoir), *La Marche sur Rome et autres lieux* : livre militant, document sur les intimidations, les violences et les manipulations des fascistes à tous les stades de la vie quotidienne. Ce qu'on retrouve, en version romancée, dans la grande fresque de six heures réalisée par Bernardo Bertolucci[2], *Nove-*

1. Voir *Le goût de Capri et des autres îles italiennes*, « Le Petit mercure », Mercure de France, 2003.
2. Lui-même fils d'Attilio Bertolucci, écrivain, poète et scénariste de Cesare Zavattini, homme de gauche qui vivait dans le quartier de Trastevere, non loin des frères Taviani.

cento (*1900*), sorti en 1980, sur la lutte entre les communistes et les fascistes en Émilie-Romagne, dans une grande exploitation agricole. Dans son exil français, Emilio Lussu poursuivit son combat contre le Duce. À la fin de la guerre, il fut nommé ministre dans le gouvernement issu de la Résistance, puis dans celui dirigé par Alcide de Gasperi.

LEWIS WALLACE

« La course de char de Ben-Hur »

Mussolini avait créé la cité du cinéma, Cinecittà, pour servir sa propagande. Au XXe *siècle, Rome deviendra la ville du cinéma par excellence. Dans tous les sens du terme. Les cinéastes du* XXe *siècle ont poursuivi l'œuvre des voyageurs et des romanciers des siècles précédents. Sans jamais lésiner sur les budgets, les moyens techniques ou les effets visuels, Hollywood s'est emparé de l'histoire romaine, peu à peu transformée en films « péplum », pour faire latin. La construction de l'« empire américain » devait forcément s'inspirer d'un modèle aussi puissant qui avait façonné plus d'un millénaire de l'histoire occidentale. La nouvelle religion du christianisme triomphe peu à peu des antiques dieux romains ? En 1956, Cecil B. DeMille avait choisi Charlton Heston pour incarner le Moïse de ses* Dix Commandements. *En 1959, on retrouve l'acteur dans le rôle titre du film de William Wyler,* Ben-Hur, *ou l'histoire d'une conversion religieuse. Le film est adapté d'un roman anglo-saxon du* XIXe *siècle dont l'action se situe dans la province romaine de Syrie. Dans le cirque d'Antioche, le Juif Ben-Hur s'oppose au Romain Messala dans une course de chars mortelle. Abandonnant les Romains, la foule des spectateurs prend parti pour le plus fort : Ben-Hur s'impose. Dans l'arène, l'endroit le plus critique est bien entendu celui du virage…*

Pour faire le tournant, Messala commença à retenir ses chevaux de gauche et ralentit nécessairement leur allure. Il n'en était pas moins très excité et suppliait les dieux de lui être favorables, leur promettant des sacrifices sur tous les autels. À six cents pieds de là seulement, il allait atteindre la renommée, les richesses, les titres et la gloire, et, plus encore, le triomphe de sa haine assouvie.

À ce moment, Malluch vit Ben-Hur se pencher en avant sur ses chevaux et leur rendre les rênes. Le jeune homme brandit au-dessus d'eux la longue lanière de son fouet sans les toucher, plutôt même comme un avertissement que comme une menace et, dans ce geste leur transmit une volonté irrésistible qui les entraîna d'un seul bond aux côtés du Romain, Messala les entendit, mais n'osa pas détourner son regard du but qu'il convoitait et qu'il touchait presque.

Les spectateurs gardaient le plus profond silence. Une seule voix maintenant dominait tous les bruits de la course : c'était la voix de Ben-Hur apostrophant ses chevaux dans la vieille langue araméenne du cheik.

[...] Jamais rien de plus rapide et de plus simple ne s'était vu.

Au moment choisi, comme Messala décrivait un cercle autour de la borne, Ben-Hur traversait la piste d'un bond et, réduisant le plus possible le cercle qu'il devait lui-même tracer, heurtait la roue extérieure du Romain dans un fracas tel que le cirque entier en retentit. Il y eut une envolée de débris blancs et jaunes ; le char du Romain, penché sur la droite, rebondit deux fois et s'écroula fracassé, tandis que Messala, embarrassé dans les rênes. était précipité en avant, la tête la première. [...]

Le peuple en délire sauta sur les gradins, applaudissant et criant. Messala, immobile à terre, ne semblait plus donner signe de vie. Les regards se reportèrent rapidement vers Ben-Hur. La plupart n'avaient pas remarqué sa manœuvre habile, mais tous admiraient l'énergie, le sang-froid et l'intelligence avec lesquels il avait su inspirer à ses chevaux sa propre décision. Ses animaux semblaient avoir acquis tout à coup la force du lion et la rapidité de l'oiseau.

Le Corinthien et le Byzantin étaient encore à mi-chemin que Ben-Hur arrivait au but.

La course était gagnée !

Ben-Hur
© Mame, 1932

ALBERTO MORAVIA

« La terreur de Rome à la villa Borghese »

Alberto Moravia est un vrai « Romain de Rome ». Il dit préférer « approcher de la réalité non pas avec des idées mais avec sympathie », et qu'il a trouvé son sens du peuple dans la lecture de Belli, le Balzac romain. Ses Nouvelles romaines *furent publiées dans le quotidien le* Corriere della sera. *Écrites à la première personne, elles présentent une galerie de personnages toujours actuels. Sur la colline du Pincio, dans les jardins de la villa Borghèse de plus en plus mal famés le soir, deux adolescents veulent voler de l'argent à un couple. Lorusso, ami du narrateur, veut s'acheter un « piffero », petite flûte, pour aller jouer dans les cafés et gagner sa vie. Il se dit prêt à tout. Le narrateur quant à lui n'hésiterait pas à se débarrasser de son copain pour lui piquer ses belles chaussures jaunes. La veille, les deux amis ont vu un film* La terreur de Chicago, *et Lorusso se rêve déjà en « terreur de Rome ».*

Le jour fixé, au soir, nous nous rendîmes à la Villa Borghese. Lorusso avait pris sa clé anglaise et j'avais mis dans ma sacoche un revolver allemand qu'on m'avait donné à vendre et que je n'avais pas encore trouvé à placer. Par précaution, je l'avais déchargé : ou bien le coup réussissait sans difficulté, ou bien j'étais obligé de tirer et mieux valait m'en abstenir. Nous prîmes la grande avenue, le long de la piste cavalière, et là chaque banc avait son couple, mais les réverbères et les passants étaient aussi nombreux que dans la rue. De cette avenue nous passâmes dans celle qui mène au Pincio à travers un des endroits les plus obscurs de la Villa Borghese où les amoureux viennent encore plus volontiers parce que la place du Peuple n'est pas loin. À cause des arbres et parce que les réverbères étaient rares, il y faisait vraiment noir ;

[...]

Nous errâmes un moment par le Pincio, d'allée en allée, de banc en banc, le long de tous ces bustes de marbre blanc alignés à la file, dans l'ombre des arbres. Nous n'arrivions pas à trouver le bon endroit, craignant toujours d'être vus par quelque couple. Et Lorusso, à son ordinaire, recommençait à avoir l'esprit ailleurs. Oubliant l'amour, il paraissait tout préoccupé par ces bustes de marbre.

– Que représentent toutes ces statues ? me demanda-t-il. Je voudrais savoir qui elles sont...

– Tu vois comme tu es ignorant... ce sont de grands hommes et, parce que c'étaient des grands hommes, on leur a fait leur statue et on l'a mise ici.

[...]

– Alors, si j'étais un grand homme, dit-il, on me ferait ma statue, à moi aussi ?

– Bien sûr... seulement, tu ne deviendrais jamais un grand homme !

– Qui te le dit ? Admettons que je devienne la terreur de Rome... que je descende des quantités de gens... les journaux parlent de moi... personne ne me trouve... et on me fait peut-être ma statue [...] Si j'étais la terreur de Rome... tous ces gens dans toutes ces maisons ne feraient que penser à moi, s'occuper de moi, et chaque nuit – il fit un geste de la main comme s'il menaçait Rome – chaque nuit je sortirais, je descendrais quelqu'un et personne ne me trouverait.

– Tu n'es qu'un sot... tu ne devrais jamais aller au cinéma... en Amérique, ils ont des mitraillettes, des autos et ils sont organisés... ils font ça sérieusement... mais toi, qui es-tu ? Un berger mangeur de fromage blanc avec une clé anglaise dans son veston.

Nouvelles romaines,
traduit de l'italien par Claude Poncet
© Éditions Flammarion

Dans sa préface, déplorant que Moravia n'ait jamais obtenu le prix Nobel, Nino Franck présente Moravia comme « un écrivain incommode » : immoraliste, sentant le soufre, il a flirté avec le communisme, et s'est lui-même présenté comme « un écrivain réaliste mais aussi décadent ». Il fera l'objet d'une sorte d'amour-haine jusque dans la gauche italienne. Moravia s'imposa comme écrivain avec le sombre éclat de son premier roman, *Les Indifférents*, écrit à dix-sept ans, et publié lorsqu'il en avait vingt (en 1929). La critique fasciste le jugera aussitôt « immoral et décadent » : pendant quinze ans, la suspicion mussolinienne pèsera sur son œuvre. En 1941, son *Quadrille des masques*, critique de l'antisémitisme du Duce, lui vaut une interdiction totale de publier. Il prendra sa revanche avec *Agostino* (1944) et, surtout, *La Belle Romaine* (1947). Au fil des publications, Moravia s'imposera comme l'un des grands écrivains du XXe siècle. C'est grâce au *Mépris* – et au film qu'en tirera Jean-Luc Godard avec Brigitte Bardot[1] – qu'il obtiendra une aura internationale. Même si on lui opposa un temps d'autres gloires, plus jeunes – les néo-réalistes Pavese, Vittorini, ou encore Sciascia, Calvino. Autre fait notable chez lui, son féminisme : ses compagnes furent des écrivains – Elsa Morante, puis Dacia Maraini – devenues aussi célèbres que lui.

1. Voir *Le goût de Capri et autres îles italiennes*, « Le Petit Mercure », Mercure de France, 2003.

PIER PAOLO PASOLINI

« Une Rome sourde aux attentes naïves »

La guerre avait obligé Pasolini à quitter Bologne pour se réfugier dans la région du Frioul maternel dont il découvrit le dialecte et la société paysanne. En 1949, il s'installa à Rome. Il avait déjà publié des poèmes et différents essais qui témoignaient de sa découverte du marxisme, de ses interrogations sur la liberté, de sa nostalgie de la religion... Et toujours de son irrépressible besoin d'écriture et de mise en question. Son journal et sa correspondance évoquent une Rome qui n'a rien à voir avec celle des guides touristiques. Pasolini qui se présente comme une force du passé – « à la tradition seule va mon amour » – aime errer dans les rues, sur les quais du Tibre. Il va à la rencontre de ceux qui hanteront ses romans, ses poèmes et bientôt ses films, comme ici découvrant le schéma de son livre Une vie violente *:*

Il y a un endroit de la Tiburtina, à la hauteur de Pietralata et un peu avant Tiburtino III et Ponte Mammolo (où j'habitais alors) qui s'appelle le « Fort ». On y voyait une caserne, un bar, une usine, une hauteur, un monticule pelé et infernal, le « Monte Pecoraro » [Mont Berger]... Il pleuvait ou il venait tout juste de cesser de pleuvoir. Il y avait une atmosphère humide et pénible, avec ce bleu sombre, funèbre, trop brillant qui se découvre au fond de l'horizon quand le temps s'améliore le soir venu, et c'est désormais trop tard. Je marchais dans la boue. Et là, à l'arrêt du bus qui bifurque vers Pietralata, j'ai fait la connaissance de Tommaso. Il ne s'appelait pas Tommaso : mais il avait les mêmes traits que le personnage que j'ai dépeint, à plusieurs reprises, dans les pages d'*Una cita violenta* et il était également habillé de la même façon : un petit vêtement déguenillé, mais « sérieux », avec une chemise blanche, peut-être la seule qu'il eût, et sa petite cravate, violette et râpée. Comme le font souvent les petits jeunes romains, il me donna immédiatement sa confiance : et, en quelques minutes, il me raconta toute son histoire : l'épisode que j'ai rapporté ensuite dans le premier chapitre et sa maladie au Forlanini.

Puis il a disparu. Je ne l'ai plus revu. Ni à Pietralata, ni à Tiburtino ; dans aucune de ces rues misérables qui entourent la Cité de Dité... »

Nico Naldini, *Pasolini*
traduit de l'italien par René de Ceccatty
© Éditions Gallimard, 1991

« La mort n'est pas dans la non-communication, mais dans le fait de ne plus pouvoir être compris. » Si l'on en croit sa propre affirmation, bien qu'il ait disparu il y a trente ans, Pasolini n'est pas prêt de mourir, ni pour sa génération, ni pour celles à venir. Son œuvre littéraire et cinématographique évoque constamment des blessures jamais refermées : le deuil de son frère cadet, tombé pendant la Résistance, victime d'une guerre partisane ; la barbarie de la dernière guerre (illustrée par un film d'une violence inégalée, sauf par Sade, et dont le titre se réclame – *Salo ou les cent vingt journées de Sodome) ;* les luttes des journaliers contre les propriétaires fonciers du Frioul ; la découverte de l'enfer des « borgate » romaines (les films *Accatone, Mamma Roma*) ; la difficulté de réaliser l'idéal marxiste, vis-à-vis duquel il se sent partagé (les poèmes du recueil *Les Cendres de Gramsci* ou les films comme

L'évangile selon saint Mathieu) ; la radicalité de l'homosexualité et sa force subversive (*Théorème*). Révolte devant toute forme d'injustice, compassion devant la souffrance humaine, sens du tragique et de la beauté, on peut difficilement résumer en quelques lignes l'extraordinaire force créatrice pasolinienne.

FEDERICO FELLINI

« Rome, une mère idéale dans son indifférence »

Rome est la scène première des films de Fellini. L'un d'eux, comme un condensé des autres, en a même pris le nom : Fellini Roma. *Mais comment oublier la jeunesse dorée et la blonde Anita Ekberg se baignant dans la fontaine de Trevi sous les yeux médusés de Mastroianni dans* La dolce vita *? les scènes de ripaille dans la Rome antique de son* Satiricon, *au temps de Pétrone et de l'empereur Néron ? les trajets du tramway qui partait de Cinecittà et traversait tout Rome dans* Intervista *? Autant de scènes gravées dans la mémoire collective et dûment intégrées au bagage sentimental de tout voyageur découvrant Rome. Propos du cinéaste.*

« Les intellectuels, les artistes qui vivent toujours entre deux dimensions différentes, la réalité et la fantaisie, trouvent à Rome le déclic libératoire, adapté à leurs activités mentales, avec le réconfort d'un cordon ombilical qui les retient solidement au monde concret. Puisque Rome est une mère, et elle est la mère idéale dans son indifférence. C'est une mère qui a trop d'enfants et qui ne peut donc pas s'occuper d'un seul, elle ne réclame rien, elle ne s'attend à rien. Elle t'accueille lorsque tu viens et te laisse partir quand tu t'en vas, comme au tribunal de Kafka. Il y a là une sagesse antique, africaine, presque préhistorique. [...]

Avec son gros ventre placentaire et son aspect maternel, elle évite la névrose, mais empêche aussi un développement, une véritable maturation. Ici il n'y a pas de névrotiques, mais pas non plus d'adultes. C'est une ville d'enfants paresseux, sceptiques et impolis ; un peu difformes aussi, psychiquement, puisqu'empêcher de croître n'est pas naturel. C'est aussi pour ça qu'à Rome les gens sont tellement attachés à leur famille. Je n'ai jamais vu une ville où l'on parle tant de sa famille. [...] C'est une chaîne : les gens vivent entre personnes bien circonscrites et reconnaissables, par un dénominateur biologique commun. Ils vivent comme des nichées... [...] La phrase très banale aussi : « *Ma chi sei ? Nun sei nessuno !* / Mais qui t'es, toi ? T'es personne » est réconfortante. Car il n'y a pas que du mépris, mais aussi une charge libératrice. [...] Insultée comme aucune autre ville, Rome ne réagit pas. Le Romain dit : « *Mica è mia, Roma.* » Cette radiation de la réalité opérée par le Romain, lorsqu'il dit « *ma che te ne frega !* /Mais qu'est-ce que ça peut bien te faire ! » naît peut-être du fait qu'il a quelque chose à craindre du pape, de la gendarmerie ou des nobles. Il se renferme dans un cercle gastrosexuel. Ses intérêts sont donc très limités. [...] Certains Romains disent : « *Vado a trovà papà, vado a trovà zio* / Je vais voir papa, je vais voir tonton », et en réalité ils vont au cimetière [...] Ce qui enlève à la mort l'angoisse, l'anxiété névrotique : il suffit de penser que les Romains appellent la mort « *la comare secca* ». Comare, commère, c'est-à-dire qu'elle fait un peu partie de la famille. Et puis certaines autres belles expressions : « *è andato agli arberi pizzuti, sta a fà tera pe' ceci* / t.l. : il est allé s'installer sous les cyprès, il fait de l'humus pour les pois chiches. »

In Fabrizio Borin, *Federico Fellini,*
Voyage sentimental dans l'illusion et la réalité d'un génie,
traduit de l'italien par Marylène Di Stèfano,
avec la collaboration de
Blanche Bauchau et Martin Capdevielle
© Éditions Gremese, 1999

ANTHONY BURGESS

« Belli, le poète satirique qui fit chanter l'esprit romain »

*L'auteur d'*Orange mécanique, *de la* Symphonie Napoléon *et de* L'Homme de Nazareth *se transporte ici à Rome. Il met en scène un auteur, Beard, qui s'installe dans la Ville éternelle pour reprendre goût à la vie, à la suite du décès de sa femme. Il entame simultanément une relation avec une photographe et l'écriture d'un scénario. La liaison est orageuse et le scénario ambitieux. Beard mêle les poètes Byron et Shelley, ainsi que la sœur de Shelley sur les bords du lac Léman. Violée par Byron, Mary Shelley se venge en écrivant* Frankenstein *: un sujet de premier ordre pour un scénario. Mais le séjour de Beard est troublé par d'incroyables résurgences de son épouse disparue. Il croit l'entendre au téléphone, la voit en rêve. Ce qui ne l'empêche pas encore d'apprécier ce que lui offre Rome. Tel le souvenir du grand Belli qui avait tout pour plaire à Burgess !*

Beard lança un regard à la statue en haut-de-forme et redingote du poète Belli, qui fit chanter le dialecte romain et à la famille duquel Paola affirmait appartenir. Auteur d'une quantité considérable de sonnets blasphématoires, le gaillard était un nonconformiste de tout crin. Parmi les œuvres en question, il en était une, par exemple, sur le prépuce de Jésus – lequel, au temps de Belli, avait fait l'objet d'expositions simultanées dans plus de quatre-vingts églises catholiques. Dieu, suggérait le poète, avait permis à ce prépuce de repousser à la manière d'un ongle, en sorte que l'on pût en couper des rognures *per omnia saecula saeculorum*, pour l'édification des fidèles. Beard avait pris la résolution de lire et de comprendre un sonnet de Belli par jour, avec l'aide de Paola, dans l'idée de publier peut-être, dans l'avenir et dans les colonnes d'une de ces revues d'avant-garde à prétentions artistiques comme on en voit en Amérique, la traduction d'une vingtaine, ou plus, des sonnets les plus obscènes – à seule fin de pouvoir être mieux qu'un simple scénariste. En outre, quel bien cela ferait à son romain, sinon à son italien ! Va donc pour Belli ! Pour les *deux* Belli !

Rome sous la pluie,
traduit de l'italien par Georges Belmont
et Hortense Chabrier
© Éditions Seghers, 1979

JEAN-PAUL SARTRE

« Un sinistre parterre de Capucins »

L'Italie fut l'une des destinations préférées de Sartre. Il conçoit La Nausée *dans les rues de Naples, donne une vision philosophique du rocher de Capri*[1]*. Mieux que dans un journal intime, Sartre exprime ainsi « son rapport à la beauté, au temps, à la mort, et finalement la saveur de son existence », écrit Arlette Elkaim dans sa préface. Nous le retrouvons ici, en 1951, dans une visite étrange à Santa Maria de la Conception, via Veneto. C'est l'église des Capucins. Dans les chapelles mortuaires, Sartre découvre « non pas Dieu, mais un cercle infernal : l'exploitation du mort par la mort. Des os font la roue autour d'autres os, tous pareils, qui figurent cette autre rosace : un squelette. » « Picasso serait charmé, j'imagine », ajoute-t-il. Et sa révolte de monter devant cette façon peu « chrétienne de jouer au puzzle avec un ossuaire ». Les odeurs d'os et de mort le submergent : « J'ai 4 000 capucins dans les narines » s'exclame-t-il. De cette omniprésence de la mort qui l'assiège aux considérations sur les ruines de Rome, il n'y a qu'un pas et, peu à peu, le philosophe se met à méditer sur le destin de la ville.*

Ces moines conservent les dépouilles humaines pour faire durer le plaisir ; ils retiennent l'homme de devenir chose pour pouvoir le traiter comme une chose, ils arrachent les ossements à leur destinée minérale pour pouvoir les asservir à la caricature d'un ordre humain ; on les exhume en grande pompe pour en faire du matériau

1. Voir *Le goût de Naples* et *Le goût de Capri*, collection « Le Petit Mercure », Mercure de France.

de construction. Les religieux jugeaient la beauté diabolique quand elle venait du siècle ; ils se transforment en esthètes quand il s'agit de préférer tout, même le beau, à leur prochain ; ils décorent leurs chapelles avec de l'homme comme les gardiens de Buchenwald faisaient des abat-jour en peau humaine. Je m'approche d'une pancarte, je lis : « Défense de mettre des inscriptions sur les crânes. » Tiens ! Pourquoi ? Fauteuils, divans, rocaille, lustres, reposoirs, pourquoi ces ossements ne serviraient-ils pas aussi de papier, de presse-papiers et de buvard ? L'avilissement serait complet si l'on pouvait lire sur une de ces calvities : « Ici Pierre et Maryse ont fait l'amour. » Mais non : le meilleur tour des capucins, c'est qu'ils imposent leurs victimes à l'adoration des vivants. [...] Je m'en vais, je quitte ces débris ensorcelés par une haine plus forte que la mort. [...] La pluie cesse, la terre émerge : ces carcasses sont des ruines : temple, obélisque, bref des squelettes. Je fais le tour du Panthéon saccagé ; l'obélisque emboulé est supporté par un éléphant qui n'a pas l'air content du tout ; cet ensemble africain sert à la gloire du christianisme. Voilà Rome : elle sort de l'eau ; déjà sèche, tout un ossuaire damné. L'Église s'est acharnée sur les monuments antiques comme les capucins sur leurs collègues : quand les papes volaient le bronze du Panthéon pour assurer le triomphe du Christ sur les païens, c'était le même viol de sépultures. L'Antiquité *vit* à Rome, d'une vie haineuse et magique, parce qu'on l'a empêchée de mourir tout à fait pour la tenir en esclavage ; elle y a gagné cette éternité sournoise et de nous asservir à son tour : si nous sommes tentés de nous sacrifier à ces pierres, c'est qu'elles sont ensorcelées ; l'ordre des ruines nous fascine parce qu'il est humain et inhumain : humain parce qu'il fut établi par des hommes, inhumain parce qu'il se dresse seul, conservé par l'alcool de la haine chrétienne et qu'il se suffit à lui-même, sinistre et gratuit comme le parterre de capucins que je viens de quitter.

La reine Albemarle ou le dernier touriste
© Éditions Gallimard, 1991

MICHEL BUTOR

« Mon amour pour Cécile avait le visage de Rome »

Les amours naissent, vivent et meurent à Rome. Pour renaître encore. Cette ville exacerbe les passions. Michel Butor en a fait le sujet de l'un de ses romans, La Modification. *Le héros principal, Pierre, est pris entre deux femmes, Henriette et Cécile. Le roman met en scène la durée d'un voyage en train, de Paris à Rome ; fort long – à l'époque, dix-huit ou dix-neuf heures – un vrai voyage, ponctué de rencontres, de péripéties, de retours sur soi.*

car s'il est maintenant certain que vous n'aimez véritablement Cécile que dans la mesure où elle est pour vous le visage de Rome, sa voix et son invitation, que vous ne l'aimez pas sans Rome et en dehors de Rome, que vous ne l'aimez qu'à cause de Rome, parce qu'elle y a été, dans une grande mesure, qu'elle y est toujours votre introductrice, la porte de Rome, comme on dit de Marie dans les litanies catholiques qu'elle est la porte du ciel, ce qu'il faudrait absolument que vous sachiez, c'est pour quelles raisons Rome possède sur vous un tel prestige, et aussi comment il se fait que ce prestige ne possède pas suffisamment de solidité objective pour que Cécile puisse s'en faire consciemment, volontairement, l'ambassadrice à Paris, comment il se fait qu'Henriette, malgré tout ce que la Ville des Villes représente nécessairement pour elle, avec son catholicisme, ait pu considérer l'attachement que vous lui portez comme l'expression même de ce qu'elle vous reproche,

ainsi, comme votre amour pour Cécile a tourné sous votre regard, se présente à vous désormais sous une autre face, dans un autre sens, de même, ce qu'il vous faudrait maintenant examiner à loisir et de sang-froid, c'est l'assise et le volume réel de ce mythe que Rome est pour vous, ce sont les tenants et aboutissants, les voisinages de cette face sous laquelle cet immense objet se présente à vous, essayant de le faire tourner sous votre regard à l'intérieur de l'espace historique, afin d'améliorer votre connaissance des liaisons qu'il a avec les conduites et décisions de vous-même et de ceux qui vous entourent, dont les yeux, les airs, les paroles, dont les silences conditionnent vos gestes et vos sentiments, si seulement vous pouviez résister au sommeil et à ces cauchemars qui vous assaillent dans cette lumière bleue qui vous livre à votre lassitude et à ses monstres.

La Modification

© Éditions de Minuit, 1957

DOMENICO PASQUARIELLO, DIT DÈGO

« Nous habitions devant les remparts de Rome, via Sannio, à côté de la basilique de San Giovanni »

Voici un récit d'enfance qui nous transporte au cœur de Rome, dans le quartier de la basilique Saint-Jean-de-Latran. L'ancienne basilique fut le premier siège de la papauté avant Saint-Pierre-de-Rome : les catacombes chrétiennes de l'Appia antica sont à deux pas. À l'extérieur, le baptistère médiéval vaut la visite : la porte principale viendrait des Thermes de Caracalla et serait décrite par Dante dans La Divine Comédie, *à l'entrée du Purgatoire, faite des sept métaux de la tradition antique (or, argent, mercure, cuivre, fer, étain et plomb). En pivotant sur ses gonds, cette porte rend le son le plus étrange qu'on puisse entendre, comme venant d'outre-tombe. Une atmosphère propice à des jeux peu ordinaires. Est-ce la période décrite ici par Domenico Pasquariello, cet immédiat après guerre ? Même si la situation a heureusement changé, on pense à* Rome ville ouverte, *tourné par Rossellini en 1945. Dans ce film, alors que les Allemands poursuivent les partisans, les enfants, dans leur belle insouciance, tout au sérieux de leurs jeux, cachent des munitions pour faire sauter d'énormes pétards.*

« Pour nous les enfants, l'immédiat après guerre n'était guère propice aux jeux. Nous habitions via Sannio, dans un quartier marqué par l'histoire de Rome, au pied de la majestueuse basilique baroque de San Giovanni in Laterano. La via Sannio longe les remparts de l'Urbs, jusqu'à la Porte Asinaria, qui mène vers l'antique via Appia. Or, ces espaces offraient un champ d'exploration extraordinaire : au bout de la rue, deux puissantes tours flanquaient la muraille antique, au bout d'un grand jardin public ! Le tout à l'abandon, et surtout, sans la moindre surveillance. De quoi battre la campagne pour des imaginations d'enfants ! Les années noires nous avaient donné des fourmis dans les jambes. La guerre était finie, l'avenir était à nous !

Pourtant, rien n'allait de soi. Nous avions du mal à échapper au climat de méfiance dont nous sortions tout juste ! Le matin, au marché de la via Cerveteri, tous accrochés aux jupes de nos mères nous osions à peine regarder nos copains. Pas un mot, pas un signe. Heureusement, l'enfance a fini par reprendre le dessus, et un jour, nous nous sommes tous retrouvés « en bas », c'est-à-dire « en bas de la via Sannio » au pied des remparts. Toute une bande d'enfants, entre sept et onze ans, avec un vrai chef, qui s'appelait « Nerone », une graine d'empereur. Une magnifique aventure commençait !

Occupant littéralement les deux tours des remparts, nous nous sommes lancés dans une vie militaire, avec tours de garde, manœuvres d'approche, de défense... Une vraie garnison en pleine ébullition ! Il fallait monter, descendre, sauter des tours, dénicher des cachettes à trésors, construire des passages dans des murs d'enceinte. Le tout dans l'indifférence totale des adultes ! Les enfants s'amusaient, c'était normal. Quelqu'un a-t-il jamais entendu parler des « enfants de la via Sannio » ? Sauf les enfants des autres rues ! Nos jeux faisaient des jaloux, on essayait de nous déloger de « nos tours romaines ». Les plus acharnés étaient nos voisins les plus proches, qui habitaient de l'autre côté de la basilique San Giovanni – dans la via Merulana ou la Domenico Fontana. Il y eut des batailles mémorables : avec des hurlements de guerre, on se lançait des cailloux à la fronde ou des coups de bâton. Nous, les enfants de la via Sannio, nous étions « les vrais Romains » , les autres n'étaient que de « barbares envahisseurs ». Le tout se terminait avec quelques blessures, heureusement sans gravité. C'était toujours sans haine. D'ailleurs, ces batailles rangées ne surgissaient qu'après l'échec de toute autre négociation. Un véritable apprentissage de la vie. Il est vrai aussi que nous étions les plus fidèles clients des urgences de l'hôpital le plus proche. Les infirmières nous grondaient, mais on les sentait pleines d'indulgence pour ces garnements qui débarquaient avec la tête cabossée et les genoux en sang. Pour tous les adultes, nous étions les enfants de l'espoir, qui pourraient laver les humiliations de la barbarie fasciste !

Ces temps sont révolus. À mesure que notre enfance s'éloignait et, avec elle, cette « importante occupation », nous avons vu des grilles surgir. Partout. Nos batailles pour rire ont cédé la place aux formes multiples de la barbarie ordinaire. Que sont les enfants de l'espoir devenus ?

In *Carnets de mon enfance –*
Les enfants de la Via Sannio
texte inédit, traduit de l'italien
par Pascale Lismonde

Cette enfance romaine est celle d'un artiste aux talents multiples, vivant entre Paris et Rome. Connu comme peintre, Domenico Pasquariello, dit Dègo, est aussi un gastronome, fondateur en 1988 de « l'Accademia della pasta », gardienne de l'orthodoxie culinaire qui prône la suprématie de la *pasta asciutta* – la pâte sèche – sur la *pasta fresca* – les pâtes fraîches. Cette même année 1988, le peintre Dègo a créé les « banquets allégoriques », manifestations philosophico-gastronomiques dans la grande tradition italienne. Après un banquet fondateur sur le thème du primat de la réalité concrète, qui fonde l'œuvre du philosophe napolitain Giambattista Vico, Dègo a également célébré Pasolini, au Louvre, pour l'ouverture de l'auditorium en 1989, la création de la « pathothèque » imaginée par Michel Field dans son roman *L'homme aux pâtes*, ou plus récemment, à Naples, le poète Leopardi, méditant sur le temps et les ruines laissées par le Vésuve.

CLAUDIA MOATTI

« Le Palazzo Farnese, une huitième colline »

Membre de l'Institut universitaire de France, Claudia Moatti décline au fil de ses livres sa connaissance intime de l'histoire romaine : après À la recherche de la Rome antique *(Découvertes Gallimard), elle a publié deux ouvrages de réflexion sur* La Raison de Rome *et* La Naissance de l'esprit critique à l'époque républicaine *(éditions du Seuil). Extrait d'un vrai chant d'amour pour la Rome moderne, à découvrir en prenant son temps...*

Il y a les sept collines – le Capitole, le Palatin, l'Aventin, le Quirinal, le Viminal, l'Esquilin, le Caelius – et il y a le Farnese. Ce n'est pas un monument, c'est un lieu, une huitième colline. Tant de passions pour Rome ont commencé entre ces murs, austères aux yeux de la foule, et pourtant si puissants, d'une « vigueur virile », comparable, selon les mots de Taine, aux « torses de Michel-Ange ». Refuge de tous les enthousiasmes, le plus grand palais de Rome est devenu pour moi l'ombilic de la terre et son promontoire idéal : du haut de ses fenêtres, au deuxième étage, dans la plus belle bibliothèque du monde, j'ai découvert la Ville. J'ai puisé là un souffle de vie, une énergie même et le bonheur d'un silence prolongé. Et souvent je me suis dit qu'il suffisait au fond d'ouvrir grande la fenêtre – plus besoin de déambuler – pour contempler Rome, à 180 degrés, depuis son phare immobile, Saint-Pierre, jusqu'au monument de Victor-Emmanuel en passant par Sant'Ivo, Sant'Andrea della

Valle, le Panthéon et les innombrables coupoles, clochers et jardins suspendus. Qu'il suffisait de voir la ville ainsi, de loin, découpée sur le ciel si vaste qu'on se croirait en pleine mer. Et la nuit, le chaos des maisons fait songer à d'immenses vagues pétrifiées.

J'aime la monumentalité du Farnese : la hauteur d'une masse pleine et robuste – l'impression que procure un énorme avion au sol. J'aime sa proximité : le banc de marbre qui longe sa façade et accueille chaque soir les habitués, les curieux. J'aime l'épaisseur de sa corniche, de ses murs, de ses piliers intérieurs. Une fois franchi l'énorme portail, la galerie d'entrée, aux lourdes colonnes doriques de granit gris et rose, tranche par son austérité sombre avec la façade. Puis c'est une alternance magique de lumière – le *cortile* immense achevé par Michel-Ange – et d'ombre – la seconde galerie resserrée qui mène enfin au petit jardin où les arbres rivalisent de hauteur avec le palais. Depuis ce jardin, le palais impose sa beauté puissante et élégante : tout en haut, la loggia de Della Porta avec ses énormes arcades tournées vers le Janicule et le Tibre, vers la fontaine Pauline et vers les deux hauts pins qui servent de parasols à la statue solitaire de Garibaldi ; puis, tout en bas, la galerie légèrement en pente qui entraîne le regard vers le portail d'entrée : ici la perspective réelle trompe l'œil !

Roma
© Éditions Actes Sud, 1997

Le Palazzo Farnese est le siège de l'ambassade de France à Rome. À deux pas de la place de Campo dei Fiori, célèbre par son marché pittoresque et par la présence de la statue du moine philosophe Giordano Bruno, condamné par l'Église et brûlé sur cette place en 1600. Le Palazzo Farnese est l'un des plus beaux palais de Rome, où l'on peut notamment admirer la sculpture de l'Hercule Farnese, et des plafonds décorés par les frères Carrache. Claudia Moati le connaît bien, pour y avoir séjourné à plusieurs reprises pour rédiger des livres sur Rome.

PIERRE DU COLOMBIER

« Avec Rome, on n'en a jamais fini »

Un autre grand amoureux de la Ville rappelle ici le rite de passage indispensable à tous ceux qui veulent revenir à Rome. Ce texte clot un livre très complet, dans lequel Pierre du Colombier n'oublie aucun des nombreux sites à découvrir.

Si prolongés qu'ils soient, les séjours à Rome sont toujours trop brefs. Sans doute est-il un certain nombre de dénominateurs communs que l'on souhaiterait d'appliquer à la Ville : Rome des ruines, Rome des géants, Rome des fontaines, Rome des pins, Rome des couchants, Rome même des *trattorie*, où l'on s'attarde le soir. Il est des cités dont, à force de les visiter, on pense avoir épuisé les beautés, et dont on s'éloigne sans remords. Avec Rome on n'en a jamais fini. Plus on s'acharne à en fignoler la connaissance, plus on s'aperçoit qu'il reste encore à découvrir. C'est un oratoire, une chapelle, une cour, une fresque. Il demeure toujours un regret, précisément parce qu'elle est inépuisable. C'est pour cela qu'il est bien peu de voyageurs qui ne sacrifient au rite connu de la plupart d'entre eux : pour être certain de retourner à Rome, il faut avoir lancé son obole, derrière soi, par-dessus l'épaule, dans la fontaine de Trevi. Bien entendu, personne n'y croit, mais en n'y obéissant point, on penserait avoir attiré sur sa tête une obscure malédiction. Nous sommes, après tout, en Italie. Ceux-mêmes pour qui l'âge ou la maladie rendent le retour improbable, s'en vont, le soir, en ce lieu de pèlerinage.

Enchantement de Rome
© Arthaud, 1968

PIER PAOLO PASOLINI

« Ici un pan de monde s'écroule... »

Dans cette méditation, Pasolini mêle sa vision de la ville, saisie au crépuscule dans une ambiance délétère, et sa réflexion politique. Les Cendres de Gramsci *sont des poèmes écrits de 1953 à 1956. Comme le souligne José Guidi dans sa préface, Pasolini a été avant tout « le chantre des laissés-pour-compte et des déshérités », et ses poèmes font entendre « un itinéraire tourmenté et souvent parsemé de deuils et de désenchantements ». Pasolini plaçait ses poèmes à part, sans doute parce qu'ils résonnent si fort de sarcasmes, de dérision et, toujours, d'un sentiment de solitude et d'abandon.*

Déjà s'allument les lumières, qui constellent
Via Zabaglia, Via Franklin, le Testaccio
tout entier, disgracieux, entre ce grand

mont sale, les bords du Tibre, le noir
décor, qu'au-delà du fleuve Monteverde
ramasse ou nuance, invisible, contre le ciel.

Diadèmes de lumières qui s'égrènent,
étincelantes, froides d'une tristesse
presque marine... Voici qu'il est temps de rentrer ;

je vois luire les quelques autobus du quartier,
avec des grappes d'ouvriers aux portières,
et des soldats s'en vont en bande, sans se presser,

vers le mont où se nichent, parmi de gluants
déblais de terrain, et des amas d'ordures sèches,
blotties dans l'ombre, de petites prostituées,

qui attendent, fiévreuses, dans cette crasse
aphrodisiaque : et, pas très loin, parmi
[des maisonnettes
proscrites, en bordure du mont, ou au milieu

d'immeubles, pareils à des mondes, des enfants
jouent, légers comme des haillons, sous la brise
non plus froide, mais printanière ; brûlants

d'insouciance juvénile, de bruns adolescents
sifflent, sur les trottoirs, en ce beau soir de Rome
du mois de mai, dans une fête

crépusculaire ; et à grand bruit retombent
les rideaux de fer des garages, joyeusement,
alors qu'en s'endormant le soir s'est fait si calme,

et que, parmi les platanes de Piazza Testaccio
le vent où vient mourir en frissons la tempête
est bien doux, quoiqu'en frôlant les vieilles murailles

et le terreau des Abattoirs, il s'y imprègne
d'un sang fétide, et que partout
il remue détritus et odeur de misère.

La vie est bruissement, et ces gens qui
s'y perdent, la perdent sans nul regret,
puisqu'elle emplit leur cœur : on les voit qui

jouissent, en leur misère, du soir : et, puissant,
chez ces faibles, pour eux, le mythe
se recrée... Mais moi, avec le cœur conscient

de celui qui ne peut vivre que dans l'histoire,
pourrai-je désormais œuvrer de passion pure,
puisque je sais que notre histoire est finie ?

Les Cendres de Gramsci,
in *Poésies*, 1953-1964,
traduit de l'italien par José Guidi
© Éditions Gallimard, 1973

Le poète connut une fin tragique sur une plage d'Ostie. Le 2 novembre 1975, on le retrouva assassiné, dans des circonstances jamais élucidées. Il avait 53 ans. Son œuvre laisse dans les consciences une trace indélébile. L'anniversaire des trente ans de sa disparition l'a amplement manifesté. Beaucoup d'artistes contemporains rendent une forme d'hommage aux voies qu'il a ouvertes par son attention constante à la voix populaire. Ainsi, dans le quartier de Testaccio qui lui était cher, une école d'art et de musique s'est installée dans les anciens abattoirs de Rome, dans la continuation de cet esprit. On peut y suivre notamment les enseignements de la musicienne Giovanna Marini, qui travailla un moment en relation avec lui. Avec le quatuor vocal de femmes qu'elle a créé, elle interprète ses compositions, des chants très engagés, inspirées du répertoire populaire, dans la tradition du célèbre « Bella ciao ». Tous les ans, à Pâques, elle sillonne l'Italie avec ses élèves pour recueillir dans les campagnes et les petits villages les interprétations des chants de la Semaine Sainte.

GIULIO CARLO ARGAN

« Une ville extraordinaire à laquelle on peut tout pardonner »

Giulio Carlo Argan, historien d'art, fut aussi maire de Rome de 1976 à 1979. Pendant les terribles « années de plomb – anni di piombo *» qui virent l'Italie en proie au terrorisme des Brigades rouges : attentats, enlèvements, assassinats, jusqu'au sommet de l'État. « J'ai eu comme maire de Rome l'affaire Moro », confie Argan à ses interlocuteurs, « je suis arrivé l'un des premiers via Fani » (la petite rue, près du Capitole, où l'on retrouva le corps d'Aldo Moro un matin de mars 1978). Le leader de la démocratie chrétienne avait été exécuté par les Brigades rouges, après un simulacre de procès et des jours et des jours de chantage et de pressions sur le gouvernement de l'époque. Argan fait ici le point sur un ensemble de questions politiques – son itinéraire dans la gauche italienne et sa fidélité au communisme, même après la chute du mur de Berlin. « Communiste j'ai été, communiste je resterai jusqu'à la fin », m'a-t-il un jour déclaré dans une interview en 1991. Pendant la guerre, Argan avait d'abord rallié le parti socialiste, puis la gauche indépendante qui l'a élu maire en 1976 et c'est pour avoir travaillé avec une coalition aux trois quarts communiste qu'il rallia ce parti, à l'issue de ce mandat municipal, et devint alors sénateur communiste. À la question « Rome est-elle vraiment une ville gouvernable ? », il répond :*

Très difficilement gouvernable... mais pour deux motifs. Le premier, c'est que Rome n'est pas une communauté urbaine enracinée dans de vieilles traditions. La majorité des habitants de Rome sont des gens arrivés depuis une, voire deux générations. Rome n'est pas une ville chauvine du tout, elle a accepté tranquillement un maire turinois sans faire d'histoires. Mais quand même, Rome, est une ville qui n'est pas liée d'une manière affective aux monuments, au visage, à la figure de la ville. Rome est une ville qui n'a jamais eu un développement organisé. Il y a eu plusieurs papes dans l'histoire qui ont étudié des réformes de la ville. Mais vous savez que dans la sagesse de l'église il est de nommer le Pape des cardinaux assez âgés pour être bien sûr qu'ils ne restent pas trop d'années dans leur chaire. Alors les papes qui ont fait des réformes, ont projeté des réformes de la ville, et n'ont seulement pu que commencer à les réaliser ; les papes suivants venaient et voulaient tout changer. Rome est une ville qui a un désordre admirable. C'est une ville extraordinaire. Moi, je suis turinois. Une fois, on m'a demandé si moi, étant né à Turin, j'aimais plus Turin ou Rome. J'ai répondu : « J'aime Turin comme une mère et Rome comme un amant. » Parce que Rome est une ville extraordinaire à laquelle on peut tout pardonner. Et quelquefois je dis, et je le disais lorsque j'étais maire, que Rome était une ville qui avait des vices mais que je lui pardonnais comme les maris qui aiment leurs femmes sont disposés à être cocus mais à rester avec leur femme. Et Rome c'est un peu une ville comme cela.

Extrait d'un entretien avec
Marc Perelman et Alain Jaubert,
les 6 et 7 mai 1991 publié dans
Giulio Carlo Argan, historien de l'art
et maire de Rome 1909-1992
© Verdier, fonds Éditions de la Passion, 1999

Il fallait beaucoup aimer Rome pour accepter de la diriger en ces temps difficiles. Argan réalisa pourtant un certain nombre de projets, notamment en soustrayant des bâtiments à l'avidité des banques ou des promoteurs immobiliers pour les transformer en établissements culturels. Autre fierté : avoir relogé les déshérités des quartiers pauvres et avoir ainsi « éliminé les baraques ». Ce grand historien d'art du XXe siècle a toujours analysé l'identité de l'art et de la ville à travers les œuvres des grands architectes, du Quattrocento à l'époque moderne, de Brunelleschi à Gropius ou Le Corbusier.

Aujourd'hui, Rome est gouvernée par Walter Veltroni, un grand maire qui a aussi une belle plume (il a écrit *Patricio, je t'aime. Papa,* aux éditions Galaade). Aux commandes de sa ville, il déploie une étonnante énergie. Les Parisiens l'ont découvert en févier 2006 à l'occasion du cinquantenaire du jumelage Paris-Rome. Renzo Piano, l'architecte du Centre Pompidou, est venu présenter le grand auditorium qu'il a construit à Rome où le maire, cinéphile avoué, a prévu une semaine de « fête du cinéma» en octobre 2006, ainsi que dans toute la ville. À cette occasion, le cinéaste Ettore Scola a dépeint Walter Veltroni dans le grand style romain : « Voici un maire qui ne cesse de secouer la nonchalance légendaire de la ville. Il invente une manifestation après l'autre. Toute la ville est désormais prise par une sorte de fièvre permanente. S'il survient une période d'accalmie, on s'étonne, mais c'est que le maire est en voyage à Paris, à Tunis ou en Chine. Quand il revient deux ou trois jours plus tard, la fièvre reprend de plus belle, car il est rentré avec des idées nouvelles. Ce n'est pas un maire, mais un réveille-matin », a conclu Ettore Scola. Peut-être le retrouvera-t-on sous les traits d'un personnage de film du réalisateur de *La terrasse* ou de *Nous nous sommes tant aimés.*

Dégustations romaines

La cuisine romaine, dans sa version antique ou plus contemporaine, fait toujours l'objet de centaines de livres. Dès l'Antiquité, le célèbre cuisinier Apicius concoctait des recettes originales ; on en trouve trace dans les poèmes d'Horace ou de Pétrone, mais aussi dans des traités recueillis après la redécouverte de Pompéi. Outre les pâtes, plat de base de la cuisine italienne (proscrire l'appellation bien française de « nouilles », aussi méprisante qu'impropre), la cuisine romaine se caractérise par une grande consommation de légumes, de poissons et de viande, bas morceaux inclus. Les anciens Romains raffolaient d'une certaine sauce appelée « garum » (voisine de l'actuel *nioc-mam* viêtnamien), qui leur servait à relever des mets parfois étranges. Les Romains contemporains ont conservé une prédilection marquée pour les saveurs aigres douces : l'association miel-vinaigre est un véritable délice.

On ne peut pas aller à Rome sans déguster quelques spécialités locales, des plus lourdes aux plus raffinées !

– les « **rigatoni alla matricciana** » : pâtes rondes, creuses, contenant une sauce rouge pimentée et à base de lardons ;

– les pâtes aux tripes, « la pagliata » : à consommer surtout dans les restaurants proches des anciens abattoirs de Testaccio ;

– la salade de « **puntarelle** », petites pousses d'une saveur indescriptible, qu'on ne trouve qu'à Rome ;

– les « **fiore di zucchine** » : fleurs de courgette frites, d'une grande légèreté ;

– et, surtout, les artichauts à la juive, « **carciofi alla giudia** », dont la dégustation mérite à elle seule le pèlerinage de Paris à Rome. On jette un instant les artichauts dans de l'huile bouillante : ainsi le cœur reste tendre, tandis que les feuilles externes s'ouvrent en corolle et que leurs extrémités, frites, craquent sous la dent. Un étonnant mélange d'onctuosité et de croustillant ! Une adresse s'impose, dans l'ancien ghetto de Rome : la trattoria da Gigetto, via del Portico d'Ottavia (tél. : 00 39 06 686 11 05) ; les Romains y dégustent les fameux artichauts depuis 1923 !

Les amateurs de cuisine italienne sauront se régaler dans toute « trattoria » romaine digne de ce nom. Les alentours de la piazza di Spagna, de piazza Navona, de campo dei Fiori et le Trastevere en regorgent ! Ne pas oublier les savoureux vins blancs des colli Albani, comme le Frascati, qui viennent des collines proches de Rome, ni les eaux légèrement gazeuses (telle la « Ferrarrelle ») qui abondent dans ce pays volcanique au point qu'elles surgissent en sources naturelles un peu partout dans la campagne romaine.

Pour clore le repas, on se régalera de sorbets chez Giolitti (le paradis pour les amateurs, à côté du Panthéon) et on savourera un café glacé en terrasse, en été, ou dans le célèbre « caffè Greco », longtemps fréquenté par les intellectuels et les artistes – le peintre De Chirico en était un vrai pilier !

L'art contemporain à Rome

Au grand dam des Romains, les amateurs d'art contemporain préfèrent Milan. Ils considèrent souvent Rome passéiste, embourbée dans son histoire, voire même provinciale. Pourtant, depuis quelques années, de grands marchands et directeurs de musées ont fait de gros efforts pour redorer le blason ! D'autant que plusieurs artistes de renommée internationale sont venus s'installer à Rome, tel l'Américain Cy Twombly.

On découvrira une série de galeries près de la place

d'Espagne, au pied de la Villa Médicis, entre la via Condotti (les plus belles boutiques romaines) et la via del Babuino, où Picasso séjourna avec Olga, Diaghilev et les Ballets russes. La via del Babuino rejoint la piazza del Popolo, où l'on pourra voir, en sus, les Caravage, puis le Musée étrusque de la villa Giulia et, plus haut encore, le Musée d'art moderne, avant de remonter vers la villa Borghese.

D'autres galeries d'art contemporain sont installées autour du Panthéon, ou vers campo dei Fiori. Dans ce livre d'écrivains, saluons enfin la performance « Sculpteurs au mur », réalisée par Fabio Sargentini, dans sa galerie « L'Attico » (en étage, via del Paradiso, n° 41, tél. : 06 686 98 46). En février-mars 2006, avec l'aide d'Elsa Agalbato, il a confié les murs de cet ancien palais du XVIIe siècle à des écrivains. Chaque semaine, un auteur différent est venu écrire une seule phrase à faire méditer par tout le public invité. Ainsi, le jeune écrivain Antonio Prete écrit : « Ici les voyelles se reposent de leur fatigue. La phrase est de vent, le sens est nuage. » Belle parabole pour un épilogue romain.

« Le goût de... »

Le chant des villes
Le goût d'Antibes
Le goût d'Alexandrie
Le goût d'Alger
Le goût d'Amsterdam
Le goût d'Athènes
Le goût de Bali
Le goût de Barcelone
Le goût de Beyrouth
Le goût de la Birmanie
Le goût de Bruxelles
Le goût de Budapest
Le goût de Cannes
Le goût de Capri et autres îles italiennes
Le goût de la Croatie
Le goût de Cuba
Le goût de Dublin
Le goût de l'Engadine
Le goût du football
Le goût de Florence
Le goût de Genève
Le goût de la Haute-Provence
Le goût des villes de l'Inde
Le goût d'Istanbul
Le goût des jardins
Le goût de Jérusalem
Le goût de Lisbonne
Le goût de Londres
Le goût de la Loire
Le goût de Los Angeles
Le goût de Lyon
Le goût de la Martinique
Le goût du mont Blanc

Le goût du Mont-Saint-Michel
Le goût de Moscou
Le goût de Nancy
Le goût de Naples
Le goût du Népal
Le goût d'Odessa
Le goût de Palerme
Le goût de Paris
(3 volumes ; 1. Le mythe ; 2. L'espace ; 3. Le temps)
Le goût de Pékin
Le goût du Périgord
Le goût de Prague
Le goût du Rhin
Le goût de Rio
Le goût de Rome
Le goût de Saint-Jacques-de-Compostelle
Le goût de Saint-Pétersbourg
Le goût de Salzbourg
Le goût du Sénégal
Le goût de Séville
Le goût de Shanghai
Le goût de Tanger
Le goût de Toulouse
Le goût de Trieste
Le goût de Venise
Le goût de Vienne

Réalisation Pao : Dominique Guillaumin

Achevé d'imprimer
sur les presses de l'imprimerie Hérissey
en avril 2006.
Imprimé en France.

Dépôt légal : avril 2006
N° d'imprimeur : 101960

142326